KB138711

수평적 사고

수평적 사고

갇혀 있는 창의력을 꺼내주는 생각 혁명

폴 슬론 지음
이영래 옮김
황성현 감수

Lateral
Thinking for
Every Day

21세기북스

내게 큰 도움이 되는 여섯 명의 수평적 사상가,
내 손주 토비, 제롬, 마들렌, 아서, 프랭크, 윌리엄에게 바칩니다.

새로운 차원의 문제해결 역량을 요구하는 시대

세상의 질서가 빠르게 재편되고 있다. 뉴노멀의 새로운 사회 질서는 기하급수적인 기술 발전Exponential Tech으로 인해 그 속도와 방향을 예측하기 어렵다Unpredictable는 데 그 특징이 있다. 반면, 과거 전통 사회는 변화의 방향과 속도가 예측 가능Predictable했기 때문에 특정 사회적, 산업적, 기술적인 문제의 복잡도가 상대적으로 낮았다. 따라서 특정 영역에서 수십 년을 경험한 분야별 전문가들이 문제의 현상을 깊게 분석하고 그에 맞는 해법을 빠르게 찾아서 문제를 해결하는 것이 비교적 용이했다.

그러나 IT와 인공지능을 기반으로 많은 산업이 교차 융합되고 있는 4차 산업 혁명의 시대에는 특정 사회적 현상이 거미줄처럼 복잡하게 얽혀 있기 때문에 문제의 근원을 좀 더 다차원적으로 볼 수 있는 역량이 더욱 중요해지게 되었고, 어느 한 분야의 전문가가 모든 영역을 이해하고 분석하는 것이 더욱 어렵게 되었다.

이런 시점에 적절하게 출간된 『수평적 사고』에는 기업, 사회, 개인이 겪을 수 있는 다양한 상황에서 손쉽게 사고의 틀을 전환할 수 있는 매우 실천적인 방법론이 들어 있다. 감수를 진행하면서 저자가 혁신이 필요한 모든 곳에서 즉시 적용해볼 수 있는 방법으로 선별한 것을 알 수 있었다. 책에 나오는 일부 기법이 감수인이 실제 구글 내 교육과정이나 실제 업무 과정에서 경험한 것들이어서 감수하는 과정이 더욱 기쁘기도 했다.

구글은 2010년 이후 검색과 광고를 넘어 금융, 커머스, 지도, 모바일 등 영역을 다각화하여 글로벌 기업으로 급속히 확장하는 과정에서 D&IDiversity and Inclusion, 즉 다양성과 포용성을 전사적인 차원에서 강조한 경험이 있다.

구글은 이를 실천하기 위해 제품과 서비스를 기획하는 과정에도 PM과 엔지니어뿐만 아니라, UI/UX 디자이너, 영업, 마케팅, 법률, 심지어 인사팀까지 초대해서 다양한 관점을 가진 이들로부터 의견을 듣는 프로세스를 운영하는 것으로도 잘 알려져 있다. 그뿐 아니라 전 세계 국가와 인종을 대표하는 구글러들의 모임인 ERGEmployee Resource Group를 통해 다양한 의견을 경영에 반영하려는 노력을 기울이고 있다.

돌이켜보면 구글의 이러한 노력이 다양한 배경을 지닌 그룹의 관점을 통해 "기존 고정관념이나 틀에 얽매여 점진적으로 10%의 성능 향상을 이루는 것보다 전혀 새로운 방식으로 문제를 도전적으로 해결해 10배의 혁신을 이루는 것이 더 쉽다"라는 '10X', '문 샷 씽킹Moonshot Thinking' 같은 차원이 다른 혁신을 이루어 냈다는 생각이 든다. 이 모든 것은 다양한 배경을 가진 고객의 니즈를 최대한 수용하여 더 나은 서비스와 제품을 제공하는 것이 최고의 성과를 도출하는 데 가장 효과적인 방법이라는 점을 깊이 이해하고, 이를 자신들의 경영 철학의 일부로 체화시켰기 때문에 가능한 것이다.

새로운 질서 아래 우리가 해결해야 할 문제들이 과거의 사고와 해법으로는 더 이상 풀리지 않는 상황이 쉼 없이 펼쳐지고 있다. 기존의 태도와 사고의 틀로 열심히 성실하게 문제를 푸는 것이 더 이상 작동하지 않는 시대가 도래한 것이다.

ChatGPT 등 생성형 AI의 등장으로 인해 인간의 능력으로 하기 힘들었던 광범위한 정보 수집, 확보 및 정리의 영역과 관련된 어려움은 대부분 해소되었다. 따라서 조직 내 리더와 구성원들에게 앞으로 더 강력하게 요구될 역량은 새로운 관점으로 문제를 인식하고 해결하는 것이다.

전통 산업 시대에 커다란 성공을 경험한 조직과 리더일수록 과거 수직적 의사결정 및 문제해결 방식에 매몰되지 않고, 다양성을 기반으로 한 수평적 사고를 통해 새로운 차원의 문제해결을 가능케 하는 조직 역량을 구축해야 한다.

『수평적 사고』에 소개된 다양한 방법론을 통해 우리의 리더들이 조직 내 새로운 혁신의 바람을 불러일으킬 수 있기를 기대해 본다.

퀀텀인사이트 대표
황성현

머리말

수평적 사고는 독특하고 색다른 시각에서 문제를 파악하고 해결방법을 찾는, 직접적이지 않고 창의적인 접근방식을 의미한다.

이 말은 몰타 출신의 의사이자 심리학자, 철학자인 에드워드 드 보노Edward de Bono가 1967년 출간된 그의 책『수평적 사고의 이용The Use of Lateral Thinking』에서 처음 사용한 것이다.[1] 그는 솔로몬의 재판이라는 성경의 이야기를 수평적 사고의 예로 들었다. 두 여인이 한 아기를 솔로몬에게 데려와 각자 자신이 아기의 어머니라고 주장한다. 그러자 솔로몬은 아기를 반으로 잘라 두 여인에게 나눠주라는 파격적인 제안을 한다. 그리고 둘의 반응을 유심히 살핀다. 한 여인은 이 생각에 동의했지만 또 다른 여인은 아이를 살려서 상대에게 주라고 애원했다. 솔로몬은 두 번째 여인이 진짜 엄마라고 판결했다.

수평적 사고는 의도적으로 전형에서 벗어난 관점을 채택해 비범하고 드문 아이디어나 해법을 생각해내는 것이다. 드 보노는 자신의 책『초경쟁Sur/Petition』에서 포드 자동차가 자문을 구했던 사례에 대해 이야기한다.[2] 이 회사는 경쟁이 치열한 자동차 시장에서의 차별화 방법에 대해 그에게 질문했다. 그는 주차장을 운영하는 대형 회사를 사들여 시내에 포드 자동차만을 위한 주차장을 만들라고 제안했다. 포드는 생각지도 못했던 급진적인 아이디어였다. 그들은 자동차 엔지니어처럼 생각을 하고 있었지만 드 보노는 어느 도시에서나 주차장을 쉽게 찾고 싶은 전형적인 운전자의 입장에서 생각을 하고 있었던 것이다.

왜 수평적 사고가 필요할까? 수평적 사고야 말로 기후변화에서 카페 문화, 범죄자 검거에 이르기까지, 모든 종류의 문제에 대한 창의적이고 혁신적이며 신선한 해법으로 가는 열쇠이기 때문이다. 어떻게 하면 수평적 사고의 힘을 이용하고, 그것을 일상의 문제에 적용할 수 있을까? 그것이 이 책이 답하려는 문제다. 이 책에는 뻔한 것을 피하고 혁신적인 결과를 내는 데 사용할 수 있는 방법, 비결, 전술, 사례가 담겨 있다.

이 책은 정곡을 찌르는 짧은 장들로 구성되어 있어서 읽기가 쉽지만 소화해야 할 것이 많다. 나는 고대든 현대든 시대와 관계없이 수평적 사고의 각 측면을 가장 잘 드러낸다고 생각되는 사례들을 선택했다.

먼저 순응, 집단사고, 관습적 사고의 위험성을 살펴본 다음, 수평적 사고의 다양한 사례와 적용 방법, 실용적인 조언을 짚어보고, 비즈니스와 일상생활 속에서 수평적 사고를 활용하는 방법에 대해 생각해보자.

이 책을 읽고 당신이 이전과 다르게 생각하고 다르게 행동하게 되었다면, 이 책은 목표를 다한 것이다.

차례

PART 1.

수평적 사고란 무엇인가?

PART 2.

수평적 사고의 사례들

PART 3.

수평적 사고를 위한 도구

PART 4.

수평적 사고를 위한 조언

PART 5.

비즈니스를 위한 수평적 사고

PART 6.

일상생활 속의 수평적 사고

수평적 사고란 무엇인가?

Lateral
Thinking for
Every Day

Chapter 01

'만약'이라는 질문을 던져라

에드워드 드 보노는 '수평적 사고'라는 말을 관습적 사고나 수직적 사고와 대비되는 의미로 사용했다. 관습적인 사고를 따를 때 우리는 예측 가능하고, 직접적인 방식으로 움직인다. 반면 수평적 사고를 한다는 것은 새로운 방향에서, 말 그대로 옆에서부터 문제에 접근하는 것을 의미한다. 수평적 사고를 하면 크고 작은 문제들에 대한 새로운 가능성과 창조적인 해법을 떠올릴 수 있다. 이런 의미에서 수평적 사고는 혁신의 근본요소라 할 수 있다.

드 보노는 수평적 사고의 주요한 4가지 요소를 다음과 같이 정의했다.

1. 사고를 극단으로 몰아가는 지배적 사상을 인식한다.

2. 상황을 보는 다른 방식을 탐색한다.

3. 엄격한 수직적 사고의 통제를 완화한다.

4. 우연을 활용한다.

어느 분야에든 지배적인 사상이 존재한다. 기존의 체계를 뒷받침하고 사람들의 사고와 태도에 영향을 미치는 규칙이나 가설, 관습 등이 바로 그런 사상이다. 지구가 평평하다거나 우주의 중심이라는 생각이 대표적인 예다. 일단 지배적인 사상이 자리를 잡으면 사람들은 다른 모든 일을 그런 사고를 강화하는 방식으로 이해한다. 편집증적인 사람은 자신을 돕고자 하는 모든 시도를 악의를 가지고 자신을 조종하려는 것으로 여긴다. 음모론을 믿는 사람은 모든 마땅치 않은 상황을 음모의 뒤편에 있는 세력들이 의도적으로 만든 것이라고 해석한다. 대부분의 조직들은 세상에 대한 견해를 극단으로 몰아가는 지배적인 사상을 지니고 있다. 오늘날 우리는 자동차를 절대 인기를 얻을 리 없는 우스꽝스런 장치라고 생각했던 마차 제조업자를 비웃는다. 그러나 우리라고 다를까? 우리 역시 굳게 자리 잡은 기존 사상의 포로들이다.

우리가 사용할 수 있는 수평적 사고 기법은 우리가 처한 상황에 적용되는 모든 지배적인 사상에 의도적으로 이의를 제기하는 것이다. 주요 항공사를 예로 들어보자. 과거의 항공사들은 다음과 같은 신념에 따라 운영됐다.

- 고객은 서비스에 대한 높은 기준을 갖고 있다.
- 항공사에서 모든 항공편에 발권을 진행한다.
- 항공사가 좌석을 미리 배정한다.
- 여행사를 통해 항공권을 판매한다.
- 대도시의 큰 공항으로만 운항한다. 업무상 비행기를 이용하는 사람들이 그런 것을 원하기 때문이다.

저가 항공은 이런 규칙들을 모조리 깨뜨려서 엄청난 규모의 새로운 시장을 개척했다. 수평적 사고의 좋은 출발점은 모든 가정과 지배적 사상을 뒤집어 생각해본 다음 어떤 일이 벌어지는지 지켜보는 것이다.

'만약'이라는 질문을 던지는 것은 가능성을 탐색하는 동시에 가정에 도전할 수 있게 하는 수평적 사고 기법이다. 우리는 '만약'이라는 질문을 통해 주어진 사안을 모든 차원으로 확장한다. 단, '만약'이라는 질문 하나하나가 터무니없을 정도로 극단적이어야 한다. 당신이 유기견을 보살피는 작은 자선단체를 운영하고 있다고 가정해보자. 문제는 '어떻게 하면 후원금을 두 배로 늘릴 수 있을까?'이다. 이 경우 다음과 같은 '만약'이라는 질문을 던질 수 있다.

만약 우리에게 기부자가 한 명만 있다면?

만약 우리에게 기부자가 천만 명이 있다면?

만약 우리에게 무제한의 마케팅 예산이 있다면?

만약 우리에게 마케팅 예산이 전혀 없다면?

만약 모든 사람이 집이 없는 개를 하루 동안 돌봐야 한다면?

만약 개가 침대에서 자고 사람이 개집에서 잔다면?

만약 개가 말을 할 수 있다면?

주어진 문제에서 시작해서 개인 혹은 그룹 단위로 '만약'이라는 정말 도발적인 질문의 짧은 목록을 만들어보자. 질문 하나를 택해 그것이 어떤 상황으로 이어질지 생각해보자. 계속 생각의 꼬리를 물고 나가면서 어떤 일이 일어나는지 지켜보자. 바보 같은 질문에서 시작된 생각이 때로는 혁신적인 통찰로 이어지기도 한다.

우연이 많은 발명과 과학적 발견에서 큰 역할을 했다는 것은 익히 알려진 사실이다. 하인리히 헤르츠Heinrich Hertz는 장비들 중 일부가 방 반대편에서 스파크를 일으키는 것을 보고 전파가 전송된다는 것을 발견했다. 알렉산더 플레밍Alexandr Fleming은 방치된 페트리 접시(세균 배양 따위에 쓰이는 둥글넓적한 작은 접시-옮긴이)에서 박테리아에 저항력이 있는 곰팡이가 자라는 것을 보고 페니실린을 발견했다. 빌헬름 뢴트겐Wilhelm Röntgen은 음극선관 현상(공기가 없는 유리관 내부를 지나는 붉은빛의 음극선에서 신비로운 형광색 빛이 생기는 현상-옮긴이)을 조작하던 중 우연히 엑스레이를 발견했다. 크리스토퍼 콜럼버스Christopher Columbus는 인도로 가는 항로를 찾던 중에 아메리카 대륙을 발견했다. 제약회사 화이자는 협심증 치료를 위한 신약을 개발해 테스트를 하는 과정에서 남성들에게 주목할 만한 부작용이 나타난다는 사실을 발견했다. 지금 비아그라라고 알려진 약은 이렇게 우연히 발견되었다.

이런 일화들의 공통점은 호기심 많은 사람이 무언가를 연구하기 시작했다는 것이다. 그 과정에서 특이한 일이 발생했을 때, 그들은 그 현상을 조사해서 어떻게 활용할 수 있을지 생각했다. 같은 방법이 우리에게도 효과가 있을 수 있다. 새로운 아이디어, 일을 하는 신선한 방법을 찾고 있는 경우 무작위적인 인풋이 도움이 될 수 있다. 사전에서 무작위로 찾은 명사를 이용하는 것도 상당히 효과적인 브레인스토밍 기법 중 하나다. 그 단어의 속성이나 연관어를 적고 그것들과 브레인스토밍 하고 있는 문제 사이의 연관성을 만들어보는 것이다. 억지스럽더라도 상관없다. 아니 오히려 '억지스럽게' 연결하는 것이 이 활동의 핵심이다.

수평적 사고를 활용한다면 훨씬 더 효과적인 문제 해결자, 더 창의적인 혁신가, 더 흥미로운 사람이 될 수 있다. 수평적 사고는 많은 신선하고 좋은 아이디어를 착안할 수 있는 능력을 가져다준다. 재미는 덤이다!

Chapter 02

집단의 구속에서 벗어나라

헨리 타지펠Henri Tajfel은 1919년 폴란드에서 태어났다. 그는 유대인 입학 제한으로 대학에 입학할 수 없게 되자 젊은 나이에 폴란드를 떠나 프랑스로 건너가 소르본대학에서 화학을 공부했다. 2차 세계대전이 시작되자 그는 프랑스군에 자원했다가 독일군의 포로가 되었다. 그는 포로수용소에서 종전을 맞고 고향으로 돌아왔지만 가족과 친구 대부분이 나치의 홀로코스트로 희생되었다. 여기에 큰 영향을 받은 타지펠은 편견과 집단관계를 다루는 심리학 연구에 평생을 바쳤다.

전쟁이 끝난 후 그는 영국으로 이주해 영국 시민권을 취득했다. 그는 런던대학교에서 심리학을 전공하고 1967년 브리스톨대학교 사회심리학과 학장이 되어 그곳에서 집단 간 관계에 대한 연구를 진행했다.

당시 심리학자들은 보통 극단적인 편견은 극단적인 성격에서 비롯된다고 가정했다. 타지펠은 이를 믿지 않았다. 그는 성격이상자뿐 아니라 수많은 평범한 독일인들이 나치와 나치의 유대인에 대한 악랄한 정책을 지지하는 것을 목격했다. 지극히 정상이라고 여겨질 만한 많은 독일인들이 나치즘을 지지했다. 타지펠은 극단적인 편견이 극단적인 성격 유형이 아닌 사회적 집단화 과정의 결과일 것이라고 생각했다. 1970년대에 그는 동네 소년들을 그룹으로 나누어 일련의 획기적인 실험을 진행했다. 소년들은 멀리 떨어져 있는 아이들보다 주변에 있는 아이들과 같은 그룹에 속하는 것을 선호했다. 타지펠은 사람들을 그저 그룹으로 나누는 것만으로도 자신이 속한 그룹에 유리하고 다른 그룹에 불리하도록 차별을 하게 만들 수 있음을 보여주었다. 다시 말해, 그는 범주화 행위 자체가 갈등과 차별을 낳는다는 것을 발견했다.

진화 과정에서 우리는 집단을 소중하게 여기에 되었다. 우리는 우리를 지지하고 보호하는 집단 안에서 성장했고, 집단과 어울리는 사람이기를 원한다. 사회 집단의 일원이 되는 것은 소속감을 심어주고, 그룹의 일원이 되면 많은 혜택을 얻을 수 있다. 문제는 집단의 생각, 기준, 관습에 순응하려는 힘이 너무 강력하다는 점이다.

솔로몬 애시Solomon Asch 역시 1907년 폴란드의 유대인 가정에서 태어났다. 1920년 가족들과 함께 미국으로 이주한 애시는 럿거스대학교의 심리학 교수가 되어 집단 규범에 대한 순응성을 시험하는 실험을 진행했다. 그는 일련의 실험에서 아무것도 모르는 학생 한 명을 지시에 따라 움직이는 일곱 명의 가짜 참가자와 한 방넣었다. 진짜 참가자는 자신을 포함한 여덟 명 모두가 진짜 참가자라고 생각했다. 그들에게는 두 장의 그림에 있는 선들의 길이를 비교하는 과제가 주어졌다.

방에 있는 모든 사람은 어떤 선이 주어진 선과 길이가 가장 비슷한지 큰 소리로 말해야 했다. 답은 명확했지만 일부 실험에서 가짜 참가자들은 일부러 모두 같은 오답을 말한 다음 진짜 참가자가 마지막으로 대답을 하게 했다. 그러자 진짜 참가자의 75퍼센트는 자기 눈으로 본 증거를 거부하고 같은 그룹에 속한 가짜 참가자들의 의견에 따라 오답을 말했다.

애시는 사람들이 집단에 순응하는 중요한 이유 2가지를 발견했다. 하나는 사람들은 누구나 집단과 어울리기를 원한다는 것이고, 또 다른 하나는 집단이 자신보다 더 나은 정보를 갖고 있다고 믿는 것이다.

사람들은 자신의 지역 축구팀을 응원하고 상대팀은 업신여긴다. 또한 골프 클럽, 브리지 클럽, 로타리 클럽, 교회와 같은 그룹에 들어가고, 각 그룹의 규범, 견해, 관습을 따른다.

트위터, 페이스북, 틱톡, 링크드인에서도 그룹에 소속되어 있다. 소셜 미디어가 이르는 범위와 거기에 글을 남기는 사람의 범위가 넓다는 것은 우리가 다양한 의견을 접한다는 의미여야 하지만, 보통은 그 반대인 경우가 많다. 사람들은 반향실echo chamber(소리가 밖으로 나가지 않고 메아리처럼 울리게 만든 방-옮긴이) 안에 살면서, 자신의 견해, 의견, 편견을 강화하는 게시물들만을 읽는다. 이는 극단적인 양극화로 이어질 수 있다. 반대되는 온갖 증거 앞에서도 2020년 대선을 도둑맞았다고 믿었던 트럼프 지지자들을 생각해보라. 코로나 백신 반대론자들의 극단적인 견해는 또 어떤가.

우리 모두는 집단에 순응하려는 힘에 휘둘린다. 이것이 바로 수평적 사고가 필요한 이유이다. 우리는 다른 사람들이 당연하게 여기는 가정과 태도에 이의를 제기할 수 있어야 한다. 열린 마음과 호기심을 가져야 한다. 이런 접근법에는 대가가 따를 수 있다. 수평적 사고를 하는 사람은 종종 이단, 아웃사이더, 비동조자로 여겨진다. 하지만 자유롭게 사고하고, 새롭고 더 나은 아이디어를 찾을 수 있다는 면에서 본다면 수평적 사고에서 얻는 이익은 그런 대가를 압도한다. 누구나 군중이라는 구속에서 벗어날 수 있다.

수평적 사고를 하는 사람은 뻔한 사고의 위험성을 잘 알고 있다. 그들은 순응하려는 경향에 맞서 싸울 방법을 모색한다. 또한 뻔한 길을 피하고 남이 가지 않은 길, 더 나은 길을 찾기 위해 애쓴다.

Chapter 03

집단사고라는 골칫거리

팀의 효과적인 의사결정에 가장 흔한 장애물은 집단사고다. 집단사고란 하나의 집단에 속한 많은 사람들이 합의에 도달하고 갈등을 최소화하려고 노력하기 때문에 오히려 잘못된 결정을 내리게 되는 현상을 의미한다. 이 과정에서 사람들은 반대되는 관점을 억누르고, 논쟁의 여지가 있는 사안을 피하고, 외부의 의견은 무시한다. 그 결과 집단의 견해와 다른 대안을 진지하게 고려하지 않는다.

가장 많이 논의되는 집단사고의 사례는 1961년의 피그스 만 사태다. 당시 케네디 행정부는 CIA의 쿠바 침공 계획을 무비판적으로 받아들였다. 반대의 목소리와 외부 의견을 무시하고 장애물을 과소평가했다. 케네디 대통령은 이 재앙에서 교훈을 얻었다.

1962년 쿠바 미사일 위기 당시 그는 집단사고를 의도적으로 피하기 위해 '빈틈없는 평가vigilant appraisal'라는 방식을 사용했다. 그는 외부 전문가들을 초청해 그들의 의견을 들었다. 또한 그룹 구성원들에게 목소리를 내고, 질문하고, 기존의 시각에 이의를 제기하도록 독려했다. 자신의 의견이 그대로 받아들여질 것을 우려해 회의에 참석하지도 않았다.

워터게이트 사건 때 행정부의 자문가들은 닉슨 대통령이 제안한 조치들이 위험하고 불법적이라는 것을 알고 있었지만 감히 반박하지 못했다.

더 최근의 예는 매슈 사이드Matthew Syed의 『다이버시티 파워Rebel Ideas』에서 찾을 수 있다.[3] 이 책에서 그는 CIA가 집단사고로 인해 오사마 빈 라덴의 위협과 9.11 테러를 놓치게 된 과정을 설명한다. CIA는 예일대학교나 하버드대학교 같은 명문대 졸업생들을 채용했지만 안타깝게도 아랍어를 할 수 있는 사람이나 이슬람교도는 거의 고용하지 않았다. CIA 직원들은 지능은 높았지만 인지적 다양성이 부족했다. 그들은 모두 같은 방식의 사고를 했다. 아프가니스탄의 동굴에 사는 남자 하나가 미국에 실질적인 위협이 될 수 있다는 것은 생각조차 하지 못한 것이다.

2001년 엔론의 몰락으로 이어진 회계 부정, 2002년 스위스항공의 파산, 2015년 폭스바겐 배기가스 스캔들은 모두 집단사고의 결과였다. 각 사례에서 고위 경영진은 조직에 충성했고 리더에게 이의를 제기하거나 반발하는 것을 꺼렸기 때문에 파멸을 초래하는 계획에 동조했다.

집단사고는 예일대학교의 심리학자 어빙 재니스Irving Janis가 1970년대에 처음 제시한 개념이다. 그는 응집에 대한 욕구, 공정한 리더십의 부재, 그룹 구성원의 동질성, 스트레스를 주는 외부의 위협 등을 집단사고의 원인으로 들었다. 이 주제에 관한 그의 책『집단사고Groupthink』는 집단사고를 예방하기 위한 8가지 방법을 제시하고 있다.[4]

- 리더는 각 구성원에게 '비판적 평가자'의 역할을 맡겨야 한다. 이를 통해 각 구성원은 반대 의견과 의구심을 자유롭게 밝힐 수 있다.
- 리더는 그룹에 과제를 맡길 때 의견을 표현해서는 안 된다.
- 리더는 결과에 지나치게 영향을 미치지 않도록 그룹 회의에 참가하는 것을 자제해야 한다.
- 조직은 동일한 문제를 다루는 여러 개의 독립적인 그룹을 만들어야 한다.
- 모든 효과적인 대안을 검토해야 한다.
- 각 구성원은 신뢰할 수 있는 그룹 외부의 사람들과 그룹 내의 아이디어에 대해 논의해야 한다.
- 그룹은 외부 전문가를 회의에 초청해야 한다. 그룹 구성원들은 외부 전문가와 토론하고 그들에게 질문을 할 수 있어야 한다.

- 그룹 구성원 중 한 명 이상에게 데블스 애드버킷devil's advocate(악마의 변호인. 어떤 사안에 대해 의도적으로 반대 의견을 말하는 사람—옮긴이) 역할을 맡겨야 한다. 이 역할은 회의마다 다른 사람이 맡아야 한다.

내가 제안하는 또 하나의 방법은 그룹 안에서 다양한 집단사고의 사례에 대해 깊이 생각해볼 시간을 갖는 것이다. 집단사고는 수평적 사고와 혁신적 대안을 억누른다. 그룹과 회의를 이끄는 사람은 케네디의 조치와 재니스가 제안한 방법에서 교훈을 얻어 집단사고가 가져올 수 있는 불행을 피해야 한다.

Chapter 04

정반대로 생각하라

발전을 원하는 사람이라면 당연히 해야 할 일이 있다. 기존의 시스템이나 제품을 조정하고 개선하는 것이다. 수평적 사고를 하는 사람들은 이런 접근법을 뛰어넘는다. 그들은 정반대로 생각한다.

1930년대에 미국에는 집집마다 방문해서 『브리태니커 백과사전』을 판매하는 2,000명의 영업사원이 있었다. 그들은 이 유명한 제품을 판매하며 상당한 수수료를 챙겼다. 2000년에 『브리태니커 백과사전』은 100명의 전임 편집자와 4,000명의 기고자들이 공을 들여 정리한 수많은 항목들을 담고 있는 32권의 책으로 이루어져 있었다. 1768년 에든버러에서 처음 출간된 『브리태니커 백과사전』은 전 세계 가정, 학교, 사무실에서 신뢰할 수 있는 참고문헌의 역할을 했다. 하지만 2012년에 이 백과사전의 인쇄판 생산이 중단됐다. 244년 동안 이어져 온 역사에 마침표를 찍은 이유는 무엇일까?

백과사전을 생산하는 데는 대단히 많은 비용이 들었고 최신 정보를 업데이트하는 것도 어려웠다. 마이크로소프트는 1990년대에 CD-ROM 형식의 백과사전 엔카르타Encarta를 출시했다. 정확도나 포괄성에서는 『브리태니커 백과사전』을 쫓아가지 못했지만 대단히 저렴했고 검색 기능이 포함되어 있었다. 엔카르타가 단종된 2009년 무렵에는 새롭고 강력한 경쟁자가 시장을 지배하고 있었다. 위키피디아였다.

위키피디아는 2001년 지미 웨일스Jimmy Wales와 래리 생어Larry Sanger가 만든 웹 기반의 무료 백과사전이다. 위키피디아는 놀라운 수평적 아이디어를 기반으로 만들어졌다. 이 백과사전은 누구나 글을 쓰고 편집할 수 있도록 허용하는 개방형 정책을 채택했다. 이는 처음에는 모든 항목에 오류, 편견, 관련 없는 텍스트 등 부정확한 내용이 포함될 수 있다는 것을 의미했다. 하지만 이후 점진적으로 편집 과정에 제한과 통제가 도입되었다. 현재 위키피디아에서 제공되는 콘텐츠의 대부분은 자원봉사자 커뮤니티에 의해 자체적으로 관리된다. 2019년 자료에 따르면, 위키피디아는 영어로만 600만 개에 가까운 항목을 갖고 있으며, 다른 300개의 언어로도 제공된다.

백과사전의 경우에 비싼 것의 반대는 저렴한 것이 아닌 무료였다. 유료 편집자 100명의 반대는 유료 편집자 10명이 아닌 수천 명의 무보수 편집자였다. 그 결과는 지속적으로 업데이트되고 개선되는 살아 있는 백과사전이었다. 위키피디아의 초창기에는 많은 사람들이 그 개념을 비웃었다. 어떤 항목도 편파적이지 않고 정확하다는 보장이 없으며, 사이트를 통해 수익을 창출할 수 있는 지속 가능한 비즈니스 모델이 없다고 지적했다. 이런 합리적인(그러나 관습적인) 우려들에도 불구하고 위키피디아는 번창했고, 이제는 월드 와이드 웹에서 가장 크고 가장 인기 있는 참고문헌이 되었다.

혁신이란 남들과 다른 것을 하는 것을 의미한다. 정반대보다 더 다른 것이 있을까? 기존의 계획과 정책이 효과를 발휘하지 못하고 있다면 정반대를 시도해보라.

마이크로소프트, 오라클, IBM과 같은 유명 소프트웨어 기업의 정책은 자신들의 지적 재산을 보호하는 것을 목표로 했다. 주요 소프트웨어 프로그램의 전체 소스 코드에 접근할 수 있는 것은 소수의 충성스러운 직원으로 제한되었고, 귀중한 프로그래밍 기밀이 절대 회사 밖으로 유출되지 않도록 많은 조치들이 취해졌다. 하지만 핀란드 출신의 프로그래머인 리누스 토르발스Linus Torvalds는 정반대의 결정을 했다. 그는 누구나 소스 코드를 보고 수정할 수 있는 운영체제인 리눅스를 만들었다. 이는 누구나 소프트웨어를 효과적으로 소유하고 변경할 수 있다는 것을 의미했다.

통제가 불가능하지는 않더라도 상당히 힘들었다. 하지만 그는 걱정하지 않았다. 그 점이 바로 자유로운 창의성과 혁신의 물결을 일으켰기 때문이다. 그는 대기업들과는 정반대로 오픈 소스 운동을 시작했다.

영화 〈아티스트The Artist〉는 2012년 오스카 시상식에서 최우수 작품상을 수상했다. 무성 영화였다. 이 감독은 전형적인 영화 촬영 방식을 거부하며 유명 배우나 컴퓨터 그래픽을 사용하지 않은 채 대사도 없는 영화를 흑백으로 촬영했다.

장 클로드 킬리Jean-Claude Killy는 프랑스의 활강스키 선수였다. 그의 꿈은 동계올림픽에서 금메달을 따는 것이었지만, 기존의 방식으로는 그 꿈을 이룰 수가 없었다. 하지만 그는 정반대의 방법을 택했다. 모든 스키 코치들은 선수들에게 스키를 모으고 체중을 앞으로, 경사면 아래쪽으로 두라고 가르친다. 하지만 그는 스키를 벌리고 뒤로 앉는 자세인 아발망avalement이라는 새로운 스타일을 고안했고, 이 방법으로 1968년 올림픽에서 3개의 금메달을 목에 걸었다.

아니타 로딕Anita Roddick은 소매 체인 더바디샵을 설립하면서 주요 경쟁자들과는 정반대의 일을 했다. 경쟁업체들은 모두 향수와 샴푸를 고가의 병에 넣고 화려하게 포장해 판매했다. 그녀는 값싼 플라스틱 통과 단순한 포장을 사용하면서 중요한 것은 내용물이며, 더바디샵의 내용물은 순수하고 단순하다는 사실을 강조했다.

최근의 사례는 단 한 대의 택시도 갖고 있지 않은 택시회사 우버, 단 하나의 호텔도 갖고 있지 않은 숙박업체 에어비앤비, 단 한 대의 자동차도 갖고 있지 않은 렌터카 회사 튜로Turo다. 이들은 기존의 접근방식과 정반대의 모습을 보여준다.

누구나 복권에 당첨되었다거나 숨겨둔 은행계좌에서 수백만 달러를 인출하는 데 도움을 달라는 사기꾼들의 이메일에 시달린다. 보통은 이런 이메일을 무시하라고 조언한다. 하지만 그와 정반대로 한다면 어떨까? 우리 모두가 더 상세한 정보를 보내달라는 답장을 보낸다면 어떻게 될까? 수백만 개의 이메일을 보낸 사기꾼들은 밀려오는 답장에 대응할 수 없게 될 것이다.

기존의 정책과 전략을 살펴보자. 근본이 되는 가정을 살펴보자. 그리고 '반대가 참이라면?'이라는 질문을 던져보자. 조금 다르게 생각해보는 것으로는 부족하다. 더 나아가서 정반대를 고려하라.

Chapter 05

규칙을 깨고 관습에 맞서라

1983년 9월 26일, 소련의 OKO 조기 경보 시스템이 위험을 알렸다. 이 시스템은 미국에서 여섯 발의 미사일이 발사돼 소련으로 향하고 있다는 분석을 내놓았다. 소련의 군사 프로토콜에 따르면, 이 경고를 모스크바의 고위 관리에게 즉시 보고해야 했지만, 그날의 당직 장교였던 스타니슬라프 페트로프Stanislav Petrov 중령은 중대한 결정을 내렸다. 시스템의 경보가 잘못되었다고 판단하고 모스크바에 알리지 않은 것이다. 그가 이 사실을 모스크바에 보고했더라면 미국에 대한 보복으로 소련의 핵 공격이 시작되었을 가능성이 크다. 그는 미국이 단 여섯 발의 미사일로 공격을 시작할 가능성이 낮다는 추론을 했다. 이후 소련 위성 경보 시스템의 오작동 때문에 경보가 발령되었다는 것이 밝혀졌다. 햇빛이 구름 위에 보기 드문 모양을 만든 것을 미사일로 오인한 것이다. 페트로프는 규칙을 어겼고, 명령을 따르지 않았다. 하지만 그는 파괴적인 핵전쟁으로 이어질 수 있었던 순간에 세계를 구했다.

1970년대 IBM은 메인프레임 컴퓨터 분야를 장악하고 있었다. 하지만 한편에서는 소규모 기업들이 미니 컴퓨터와 가정용 컴퓨터를 내놓으며 빠르게 성장하고 있었다. IBM은 돈 에스트리지Don Estridge에게 아타리Atari, 애플, 코모도어Commodore와 같은 신생업체들과 겨룰 수 있는 저렴한 개인용 컴퓨터의 개발을 맡겼다. 당시 IBM은 전원 공급 장치부터 집적 회로, 운영체제에 이르기까지 모든 제조 부문을 완전히 통제하는 독점 설계 방식을 사용하고 있었다. 에스트리지는 표준 절차의 모든 규칙을 깨고 컴퓨터의 부품과 소프트웨어를 외부에서 조달하기로 결정했다. 거기에서 더 나아가 '개방형 아키텍처open architecture'를 택했다. 그는 IBM PC의 사양을 공개해 하드웨어와 소프트웨어 공급업계가 급성장할 수 있도록 했다. 1981년, IBM PC가 소매점에 등장했다. 개발 기간은 단 1년이었다. 이는 거대 기업으로서는 기록적인 제품 개발 기간이었다. IBM PC는 큰 성공을 거두었고, 빠르게 시장을 장악하게 되었다.

방글라데시 출신의 은행가이자 경제학자 무함마드 유누스 Muhammad Yunus는 은행업의 규칙을 깨고 소액 대출과 마이크로파이낸스microfinance라는 개념을 발전시켰다. 은행은 수백 달러가 넘는 대출만을 취급하는 것이 보통이다. 또한 신용 등급이 좋은 사람에게만 대출을 해주고, 대출에 대한 담보를 요구한다. 1983년 유누스가 설립한 그라민 은행은 가난해서 기존의 은행 대출을 받을 수 없는 기업가들에게 담보 없는 소액 대출을 시작했다. 회의론자들의 강한 반대에도 불구하고 이 계획은 큰 성공을 거뒀고 수백만 건의 소액 대출이 이루어졌다. 차용자의 90퍼센트 이상이 여성이었고 채무 불이행률은 3퍼센트에 못 미쳤다. 2006년 유누스는 이와 같은 혁신적 발상으로 방글라데시를 비롯한 개발도상국의 사회, 경제 발전에 이바지한 공을 인정받아 노벨 평화상을 수상했다.

1975년 영국의 록 그룹 퀸은 프레디 머큐리Freddie Mercury가 작곡한 「보헤미안 랩소디Bohemian Rhapsody」를 발표했다. 그는 1960년대부터 이 곡을 구상하기 시작했다. 그가 이 곡을 쓴 것은 자신의 팬들을 만족시키거나 히트 음반의 공식을 따르기 위해서가 아니었다. 그에게 이 곡은 음악을 통한 자기 표현이었을 뿐이다.

이 노래는 인기 있는 음악 싱글 앨범의 모든 규칙을 깼다. 당시 대부분의 대중음악은 단순하고 정형화되어 있었다. 하지만 머큐리의 노래는 다양한 스타일과 템포가 복잡하게 섞여 있었다. 밀집화성의 아카펠라 도입부, 발라드, 기타 솔로, 오페라의 패러디, 록성가, 선율적인 피날레 등 총 6개의 부분으로 이루어진 구성에 사람을 죽인 일에 대한 수수께끼 같고 체념적인 가사를 담고 있다. 게다가 이 곡은 대단히 길었다.

음반사 EMI는 이 곡을 싱글로 발매하자는 퀸의 제안을 단호하게 거절했다. 그 곡은 5분 55초에 달했고, 당시 라디오 방송국들은 3분 30초를 넘지 않는 곡만 방송하는 것이 보통이었다.

퀸은 EMI를 거치지 않고 곧바로 DJ 케니 에버렛Kenny Everett을 찾아갔다. 퀸은 곡의 일부만을 튼다는 조건을 받아들이고 사본을 건넸다. 에버렛은 곡의 일부만을 방송했고 이것은 오히려 청중의 열렬한 반응을 이끌어냈다. 수많은 팬들이 월요일 아침에 음반을 사기 위해 매장으로 몰려들었지만, 음반이 없다는 말을 듣고 돌아가야 했다. 결국 EMI는 음반을 출시할 수밖에 없었다. 음반사가 방송에 나올 수 없다고 단언했던 이 곡은 사상 최고의 히트곡이 되었다. 「보헤미안 랩소디」는 처음 발매된 1975년과 머큐리가 사망한 1991년에 같은 버전으로 두 번이나 영국 싱글 차트 1위에 오른 최초의 곡이 되었다. 또한 이 음반은 미국에서 100만 장 이상 판매되며 골든디스크가 되었다. 1992년에는 영화 〈웨인스 월드Wayne's World〉에 등장하면서 전 세계적으로 다시 인기를 모았으며, 2002년에는 역대 영국 최고의 싱글로 기네스 세계 기록에 올랐다.

수평적 사고의 핵심은 관습에 맞서는 것이다. 이는 가정에 의문을 제기하는 것을 의미하며, 수평적 사고를 하는 사람들은 종종 게임의 규칙을 깨고 심지어 명령에 불복종하기도 한다. 분명 위험한 일이다. 하지만 때로는 이런 태도가 기록을 세우고 세상을 구하기도 한다.

Chapter 06

외부인처럼 생각하라

리바이 스트라우스Levi Strauss, 헨리 포드Henry Ford, 에스터 로더 Estee Lauder, 월트 디즈니Walt Disney, 일론 머스크Elon Musk, 아리아나 허핑턴Arianna Huffington, 세르게이 브린Sergey Brin, 윌 슈Will Shu(딜리버 루Deliveroo의 창립자), 얀 쿰Jan Koum(왓츠앱의 창립자). 이들의 공통점은 무엇일까? 이들은 모두 새로운 사업을 성공시킨 유명한 기업가들 이다. 또한 이들 모두 이민자이거나 이민자의 자녀라는 공통점이 있다.

랜달 레인Randall Lane은『한 번만 성공하면 된다You Only Have To Be Right Once』에서 성공적인 사업을 일으킨 여러 이민자들의 사례를 소개한다.[5] 페즈먼 노자드Pejman Nozad는 1992년 이란을 탈출해 미 국에 도착했다. 영어는 한 마디도 하지 못했고 수중에 있는 돈은

700달러가 전부였다. 그는 샌프란시스코에서 값비싼 페르시아 양탄자를 파는 영업사원이 되었다. 고객 대부분이 실리콘밸리의 부유한 사업가들이었다. 그는 강력한 인맥을 만들었고 벤처캐피털리스트가 되어 피어 VCPear VC를 설립했다. 2020년 이 회사의 가치는 200억 달러를 넘어섰다.

『한 번만 성공하면 된다』에서 소개하는 또 다른 사례는 1981년 열여덟 살에 한국에서 미국으로 이주한 장도원이다. 영어도 잘 못했고 대학 학위도 없던 그는 커피숍에서 일했다. 패션에 관심을 갖게 된 그는 가게를 차리기 위해 돈을 모으기 시작했다. 1984년 그와 아내 장진숙은 1만 1,000달러로 로스앤젤레스에 패션 21이라는 의류매장을 열었다. 매장은 성공했고, 이들은 다른 지역에 지점을 내고 업체명을 포에버 21Forever 21로 바꾸었다. 2015년 포에버 21은 600개의 매장과 3만 명의 직원을 둔 기업으로 성장했다.

엔트러프러너 네트워크Entrepreneur Network에 따르면 영국 국민중에서 해외 태생인 사람은 14퍼센트에 불과하지만 영국에서 가장 빠르게 성장하는 스타트업의 49퍼센트에는 한 명 이상의 해외태생 공동창립자가 있다고 한다.[6]

카우프만 오거니제이션Kauffman Organization은《포춘》500대 기업중 40퍼센트 이상이 이민자 또는 그 자녀에 의해 설립되었으며, 기업 가치가 10억 달러가 넘는 미국 내 '유니콘' 스타트업 중 50퍼센트 이상에 한 명 이상의 이민자 출신의 창업자가 있고, 이민자의 창업 확률은 미국 태생인 사람들보다 거의 두 배나 높다고 보고하고 있다.[7]

미국 국립정책재단National Foundation for American Policy의 분석에 따르면, 2000년 이후 화학, 의학, 물리학 분야의 미국인 노벨상 수상자 중 37퍼센트가 이민자다.[8]

다른 많은 연구에서도 비슷한 결과가 나왔다. 혁신, 발명, 기업가정신에서 이민자들이 토박이들보다 더 뛰어난 성과를 올리는 이유는 무엇일까? 매슈 사이드는 그 주된 이유를 '아웃사이더의 사고방식outsider mindset'이라고 부른다. 이민자들은 다른 나라, 다른 문화에 대한 경험이 있다. 그들은 대부분의 다른 사람들과는 달리 뿌리 깊게 자리 잡은 가정과 신념 속에서 성장하지 않았다. 이민자들은 일반적인 준거의 틀에서 벗어나 있기 때문에 현 상태에 도전하며 새로운 가능성을 볼 수 있다. 또한 2가지 다른 관점을 대조하고 결합할 수 있다. 그것이 그들이 새로운 나라에 도착한 이후 내내 해온 일이기 때문이다.

나는 태어난 나라와 다른 나라에서 살고 있는 사람을 만날 때마다 "새로운 나라의 문화에 대해서 이상하거나 다르다는 느낌을 받는 것이 있나요?"라는 질문을 하는데, 종종 놀라운 대답을 듣는다. 포르투갈에 사는 독일 출신의 사업가에게 이 질문을 하자, 그는 이렇게 대답했다. "독일에서라면 오전 9시에 회의 일정을 잡으면 모두가 오전 9시에 회의 장소에 모입니다. 하지만 포르투갈에서라면 사람들은 9시 15분부터 나타나기 시작하죠"라고 대답했다. 그는 그와 그의 아내가 독일과 매우 다르다고 생각하는 여러 가지 것들에 대해 이야기했다. 현지인들은 당연하게 여기지만, 이민자는 이상하게 여기는 것들에 대해서 말이다.

어떤 주제, 사업, 삶의 방식에 몰두하면 우리는 그 관습과 한계에 둘러싸인다. 이런 경우 자신의 사고방식에 갇힐 수 있다. 반면 외부인은 상황에 대한 열린 마음과 신선한 관점을 갖도록 해준다. 이민자가 아니라면 이민자처럼 생각하도록 노력해보자. 외부인들과 어울리고 솔직한 평가를 해달라고 부탁해보자. 이민자를 고용해 그들의 다양한 관점과 아이디어로부터 도움을 받는 것도 좋은 방법이다.

Chapter 07

바보 같은 질문을 던져라

수평적 사고를 하는 사람은 항상 호기심에 가득 차 있다. 그들은 정말 많은 질문을 한다. 똑똑한 질문, 바보 같은 질문, 기초적인 질문, 어린아이 같은 질문 등을 말이다.

1970년, 로저 하그리브스Roger Hargreaves의 여섯 살 난 아들 애덤이 아빠에게 질문을 했다. 어른들은 생각도 하지 못하는, 아이만이 할 수 있는 질문이었다. "아빠, 간지럼은 어떻게 생겼어요?"

이에 만화가인 하그리브스는 주황색 동그라미 얼굴에 긴 고무 팔이 있는 그림을 그렸다. 이 그림은 그의 첫 책인 『미스터 티클Mr. Tickle』의 주인공이 되었다. 이 책을 내주겠다는 출판사를 찾느라 고생을 하긴 했지만 결국 책은 출판되었고, 이후 『미스터 티클』 시리즈는 9,000만 부 이상 판매되며 전 세계 어린이들의 사랑을 받고 있다. 런던의 한 에이전시에서 크리에이티브 디렉터로 일하던 하그리브스는 1976년 글쓰기에 집중하기 위해 직장을 그만두었다. 아내와 사이에 네 명의 자녀를 둔 그는 1988년 53세에 뇌졸중으로 사망했다.

큰 인기를 모은 그의 작품들은 아주 어리석게 들릴 수 있는 질문에 귀를 기울였기 때문에 탄생할 수 있었다. 바보나 할 만한 질문에 말이다. 하지만 바보 같은 질문들은 전형적인 아이디어에 도전하고 수평적 사고를 자극한다.

아이들은 질문을 하면서 배움을 얻는다. 학생들도 질문을 통해 새로운 지식을 얻는다. 신입사원들 역시 질문을 하면서 일을 배운다. 직장에서 일을 시작하는 사람들은 많은 질문을 한다. 질문은 가장 간단하고 효과적인 학습방법이다. 하지만 얼마간 시간이 지나면 질문을 멈춘다. 대개의 사람들은 나이가 들고 경험이 쌓일수록 질문하는 일이 줄어든다. 하지만 수평적 사고를 하는 사람들은 질문을 멈추지 않는다. 더 깊은 통찰력을 얻을 수 있는 최선의 방법이 질문이라는 것을 알기 때문이다.

한 신문 기사에 따르면 어린이들은 부모에게 하루에 약 73개의 질문을 하며, 그 대부분은 부모가 대답하는 데 애를 먹는 것들이라고 한다.[9] 헤이스 그룹Hays Group의 CEO, 앨리스터 콕스Alister Cox는 성인들이 하루에 20개 정도의 질문을 한다고 말한다.[10] 《인디펜던트》의 기사에 따르면, 아이들은 세상에 대해 배우고 이해하기 위해 많은 질문을 하지만 그렇게 꼬치꼬치 캐묻는 행동은 4세에 최고조에 달한 후 감소한다고 한다.

구글의 CEO였던 에릭 슈미트Eric Schmidt는 "우리는 답이 아닌 질문으로 이 회사를 운영한다"라고 말했다. 그는 똑똑한 사람을 고용하고 그들에게 던질 적절한 질문만 찾아내면 그들이 똑똑한 답을 찾아낸다는 것을 알고 있었다.

TV 시리즈에 등장하는 탐정 콜롬보는 많은 질문을 던져 미스터리를 해결한다. 모든 위대한 발명가와 과학자들은 많은 질문을 던졌다. 아이작 뉴턴은 "왜 사과가 나무에서 떨어질까?", "왜 달이 지구로부터 멀어지지 않을까?"라는 질문을 던졌다. 찰스 다윈은 "왜 갈라파고스 제도에는 다른 곳에는 없는 종들이 많이 있을까?"라는 질문을 던졌다. 앨버트 아인슈타인은 "내가 빛줄기를 타고 지나가면서 보는 우주는 어떤 모습일까?"라는 질문을 던졌다. 이런 종류의 근본적인 질문에서 시작된 과정들은 그들을 엄청난 돌파구로 이끌었다.

왜 우리는 질문을 멈추는 것일까? 알아야 할 중요한 것들을 다 알고 있다고 생각하고 더 이상 질문을 하지 않는 사람들이 있다. 그들은 기존의 신념에 집착하고 자신의 가정에 확신을 갖는다. 하지만 신념과 가정을 둘러싼 세상은 끊임없이 변화하고 있다. 어제는 사실이었던 것이 오늘은 더 이상 사실이 아니다.

질문을 하면 약하거나 무지하거나 확신이 없어 보일까 봐 두려

위하는 사람들도 있다. 그들은 단호하고 자신감 있는 모습을 보이고 싶어 한다. 그러나 현명한 리더는 질문이 약함이 아닌 강함의 신호라는 것을 알고 있다. 너무 바빠서 질문을 않고 바로 행동에 옮기는 사람들도 있다. 하지만 그들이 풀려고 애쓰는 문제는 잘못된 문제일 수 있다.

수평적 사고를 하는 사람이라면 모든 것에 질문을 던질 준비가 되어 있어야 한다. 정말 기초적이고 포괄적 질문으로 시작해서 점차 구체적인 분야에 관해 질문을 하면서 문제를 명확하게 이해해야 한다. 다음은 업무를 진행하면서 던지면 좋은 질문들이다.

- 우리가 여기서 달성하고자 하는 것은 무엇인가?
- 고객이 우리 제품이나 서비스를 구매하는 이유는 무엇인가?
- 우리가 해결하고자 하는 문제는 무엇인가?
- 이 서비스를 제공하는 더 좋은 방법은 없는가?

이런 질문의 답에 귀를 기울이면 더 많은 다른 질문들이 떠오른다. 그리고 그 대답마다 '왜?'라는 질문을 던져야 한다, 누군가가 대답을 하면 그 대답에 대해 다시 '왜?'라고 되물어야 한다. 질문을 계속하는 과정에서 문제에 대한 이해가 깊어지고 창의적인 해결책을 위한 새로운 통찰력을 얻을 수 있다.

그룹 내에서 효과가 있는 수평적 사고 기법은 '만약에'라는 질문을 던지는 것이다. 이 질문에는 어떤 제한도 없으며, 다음과 같이 문제의 변수를 극단의 방향으로 확장할 수 있다.

- 고객이 한 명뿐이라면 어떨까?
- 고객이 천만 명이라면 어떨까?
- 마케팅 예산이 무제한이라면 어떨까?
- 마케팅 예산이 전혀 없다면 어떨까?
- 디즈니가 인수를 했다면 어떨까?
- 새로운 CEO가 레이디 가가라면 어떨까?

이 질문 중 하나를 골라 그것으로 당신의 생각이 어디까지 확장되는지 확인해보자. 온갖 기발한 아이디어가 떠오를 것이다. 그중 하나가 성공의 아이디어일 수도 있다.

어린아이처럼 생각하라. 더 많이 질문하라. 기본적인 질문을 하라. 현명한 질문을 하라. 바보 같이 보이는 질문을 던져서 가정에 도전하라.

PART 2

수평적 사고의 사례들

**Lateral
Thinking for
Every Day**

Chapter 08

7개의 기업의 변신

피터 드러커Peter Drucker는 "모든 조직은 하고 있는 모든 일을 포기할 준비가 되어 있어야 한다"라는 명언을 남겼다.[11] 다음은 고객의 요구를 충족하기 위해 다른 분야로 변신을 꾀하여 성공을 거둔 7개 기업의 예다.

티파니Tiffany의 시작은 1837년 찰스 티파니Charles Tiffany와 존 영John Young이 코네티컷 주 브루클린에서 시작한 '문구·팬시용품 백화점'이었다. 이 회사는 1862년 남북전쟁 당시 연합군에 칼, 깃발, 수술 도구를 공급했다. 전쟁이 끝난 후 티파니는 보석 사업에 집중했고, 현재 명품과 호화로운 매장으로 유명한 기업으로 성장했다. 2021년 루이비통은 160억 달러에 티파니를 인수했다.

버크셔 해서웨이Berkshire Hathaway는 원래 1839년 올리버 체이스Oliver Chace가 로드아일랜드에 설립한 섬유 제조회사였다. 섬유 산업 분야에서 수차례의 인수 합병을 거치며 살아남은 이 회사는 1950년대에 이르러서 섬유산업의 쇠퇴로 규모를 줄이고 있었다. 젊은 기업가 워런 버핏Warren Buffett은 버크셔 해서웨이가 공장 문을 닫아 주가가 하락할 때마다 회사의 주식을 매입하기 시작했다. 1962년 버핏은 망해가고 있는 이 섬유회사의 대주주가 되었고, 이 회사를 보험회사를 비롯한 다른 기업의 지분을 사들이는 수단으로 사용했다. 그의 기민한 투자로 회사는 놀랄 만큼 빠른 속도로 성장했다. 현재 버크셔 해서웨이는 세계 최대의 금융 서비스 업체로, 2022년에는 시가총액이 7,000억 달러가 넘었다.

노키아Nokia는 1865년 광산 기술자 프레드릭 이데스탐Fredrik Idestam이 당시 러시아 제국의 일부였던 핀란드 탐페레에 세운 목재 펄프 공장이었다. 이후 고무장화와 케이블을 제조하다가 전자기기를 전문으로 다루게 되었고, 1990년대에는 통신 기술에 집중했다. 1998년부터 2008년까지 노키아는 세계적인 규모의 휴대전화와 스마트폰 공급업체였지만, 애플과 삼성에 다소 뒤처졌다. 그리고 이후 네트워크 장비 제조업체로 변신했다.

에이본Avon은 1886년 뉴욕에서 데이비드 매코널David McConnell이 설립한 회사다. 처음에는 방문 판매로 책을 팔면서 책을 산 사람들에게 향수 샘플을 제공하던 매코널은 향수의 수요가 책보다 많다는 사실을 깨달았다. 이후 그는 향수와 화장품에 집중해 고객에게 직접 판매하는 '에이본 레이디Avon Ladies'를 기반으로 에이본 브랜드와 제국을 건설했다.

닌텐도는 1889년 야마우치 후사지로山內房治郎가 만든 일본 화투 생산업체에서 출발했다. 이 회사는 1977년 최초의 콘솔 게임기인 컬러 TV 게임을 생산했고, 1981년에는 동키콩을, 1985년에는 슈퍼 마리오 브라더스를 출시하며 세계적인 성공을 거두었다. 이후에도 게임보이, 슈퍼 닌텐도 엔터테인먼트 시스템, 위를 비롯해 대단히 성공적인 비디오 게임 콘솔들을 판매해오고 있다.

1891년 29세의 사업가 윌리엄 리글리 주니어William Wrigley Jr.는 시카고에서 정련제와 베이킹파우더를 파는 회사를 설립했다. 그는 베이킹파우더 한 캔을 구매할 때마다 사은품으로 껌 두 봉지를 증정했다. 베이킹파우더보다 껌이 더 인기를 끄는 것을 본 리글리는 주력 제품을 껌으로 전환했다. 리글리 컴퍼니Wrigley Company는 현재 세계 최대의 껌 제조 및 판매업체로, 2008년 230억 달러에 마스Mars Inc에 인수되었다.

장난감 회사 해즈브로Hasbro는 원래 폴란드계 유대인 형제 세 명이 1923년 하센펠드 브라더스Hassenfeld Brothers라는 이름으로 로드아일랜드 주 프로비던스에 설립한 회사다. 자투리 천을 판매하는 것에서 시작한 이 회사는 이후 사업을 확장해 필통과 학용품을 생산했다. 1940년대에는 장난감을 팔기 시작했고, 첫 번째 큰 성공을 거둔 제품은 미스터 포테이토 헤드였다. 현재 이 회사의 매출은 50억 달러가 넘으며, 트랜스포머, 지아이 조, 파워레인저, 마이크로넛츠, 모노폴리, 퍼비, 너프, 트위스터, 마이 리틀 포니 등의 제품을 생산하고 있다.

이 기업들의 사례에서 배울 수 있는 것은 명확하다. 고객이 좋아하고 당신이 잘할 수 있는 것을 찾아라. 그것이 지금의 비즈니스 모델에서 완전히 벗어나는 것이더라도 그렇게 하라. 수평적 사고는 때때로 완벽한 변신을 필요로 한다.

Chapter 09

전문가들이 새로운 아이디어를
거부하는 이유

우리는 흔히 과학자, 의사, 전문가들이라면 새로운 아이디어를 열린 마음으로 받아들일 것이라고 생각한다. 하지만 교육을 많이 받고 경험이 많은 소위 전문가들이 낡은 가설에 집착하며 효과가 있다는 분명한 증거에도 불구하고 새로운 아이디어를 거부한 사례들이 많다.

이그나즈 제멜바이스Ignaz Semmelweis, 1818-1865는 헝가리의 의사이자 과학자다. 그가 활동하던 당시에는 산부인과 병동에서 산욕열(해산열)이 흔했고, 이 때문에 환자들이 목숨을 잃는 경우도 많았다. 제멜바이스는 비엔나종합병원의 산부인과에서 일하면서 의사들이 담당하는 병동의 사망률이 조산사가 담당하는 병동보다 3배나 높다는 사실을 알게 되었다. 그는 출산을 담당하는 임상의

들이 손을 철저히 씻으면 산욕열의 발병률을 크게 감소시킬 수 있다는 것을 발견했다. 그는 1847년 의사와 간호사가 염소 처리된 석회 용액으로 손을 씻어야 한다는 제안을 내놓았다. 의료계는 이를 불쾌해했다. 그들은 자신들의 손이 오염되어 환자들을 사망에 이르게 할 수 있다는 생각에 거부감을 느꼈다. 의료계의 노골적인 공격에 맞서 싸우려던 제멜바이스의 노력은 1895년 좌절로 끝났다. 의료계의 동료들이 그를 정신병원에 구금했고, 그는 그곳에서 경비원에게 맞아 숨졌다.

그가 죽고 몇 년이 지난 후에야 루이 파스퇴르Louis Pasteur와 조지프 리스터Joseph Lister의 연구로 소독을 통해 세균의 치명적인 영향을 막을 수 있다는 것이 드러나면서 제멜바이스가 제안한 접근법의 효과가 입증되었다. 그는 현재 소독 절차의 선구자로 인정받으며 '엄마들의 구세주'로 불린다.

알프레드 베게너Alfred Wegener, 1880-1930는 독일의 기후학자, 지질학자, 기상학자로 대륙이동 이론을 창시한 것으로 잘 알려져 있다. 그는 서로 다른 대륙 덩어리가 직소퍼즐처럼 서로 맞물린다는 사실을 발견하고 이 이론을 생각해냈다. 아메리카 대륙붕은 아프리카와 유럽의 해안선과 꼭 들어맞는다. 마찬가지로 남극 대륙, 오스트레일리아, 인도, 마다가스카르는 남아프리카의 끝과 맞아떨어진다. 그는 대서양 양안의 암석 유형과 화석을 분석해 상당한 유사점을 발견하고는 1912년에 모든 대륙이 한때 하나의 덩어리였다가 떨어져 나갔다고 주장하는 이론을 발표했다. 이 아이디어는 회의론에 부딪혔고, 베게너를 외부인으로 여겼던 당시의 저명한 지질학 전문가들은 완강하게 저항했다. 미국 석유지리과학회는 대륙이동 가설에 반대하는 심포지엄을 개최하기도 했다.

베게너는 1930년 그린란드 원정 도중 50세를 일기로 사망했다. 그의 가설은 1950년에야 고자기학paleomagnetism, 古磁氣學이라는 새로운 학문이 시작되며 입증된 내용을 바탕으로 받아들여졌고, 현재의 판구조론으로 이어졌다. 이후 위성항법시스템Global Positioning System, GPS의 사용으로 대륙 이동을 정확하게 측정할 수 있게 되었다.

퍼 잉바르 브로네마르크Per-Ingvar Brånemark, 1929-2014는 스웨덴 출신의 의사이자 연구교수로, 현대 치과 임플란트학의 아버지로 알려져 있다. 1952년 23세였던 브로네마르크는 우연히 놀라운 발견을 했다. 골수를 연구하던 그는 실험 중에 살아 있는 토끼의 다리뼈에 티타늄 조각을 이식했다. 얼마 후 금속 조각을 제거하려던 그는 그것이 뼈와 융합된 것을 발견했다. 티타늄과 뼈의 융합은 그때까지 알려지지 않은 생물학적 과정이었다. 브로네마르크는 이를 골유착osseointegration이라고 명명했지만 응용할 방법을 바로 찾지는 못했다. 11년 후인 1963년, 치과의사인 그의 동료 한 사람이 구개 파열과 하악 기형을 가지고 태어난 34세의 남성 고스타 라르손Gosta Larsson을 만나달라고 부탁했다. 그는 아래턱에 치아가 없어 음식을 씹을 수 없었지만, 치과의사들은 치료법을 찾지 못하고 있었다. 브로네마르크는 남자의 턱뼈에 티타늄 나사를 박아 인공 치아를 고정할 수 있게 하자고 제안했다. 라르손은 동의했고 수술은 놀라울 정도로 성공적이었다. 라르손은 이후 40년 여생 동안 아무런 문제없이 인공 치아를 사용했다.

브로네마르크는 심각한 치아 결손이 있는 다른 환자들에게도 비슷한 시술을 성공적으로 시행했다. 그러나 치과의사들은 이런 접근법을 완강히 거부했고, 브로네마르크에 대해 대단히 비판적인 태도를 보였다. 거기에는 그가 치과의사가 아니며 그 지역 사람도 아니라는 이유가 큰 몫을 했다. 1973년 스웨덴 국립치과학회에서는 브로네마르크의 방법을 신랄하게 비판했고, 브로네마르크는 개인적으로도 끔찍한 비난을 견뎌야 했다. 1974년 격분한 치과의사 그룹이 국립보건복지위원회에 골유착과 관련된 모든 시술을 금지해달라고 청원했다. 하지만 보건복지위원회의 조사 결과 브로네마르크의 치료법이 대단히 효과적이고 안전하다는 사실이 밝혀졌다.

결국 치과 임플란트는 유럽, 이후에는 북미의 치과의사들로부터 신뢰를 얻어 표준 시술로 자리 잡았고, 브로네마르크는 치과와 공중보건에 기여한 공로를 인정받아 많은 상을 수상했다.

가장 많은 지식을 갖고 있는 사람들이 때로는 새로운 아이디어에 가장 극렬하게 저항한다는 사실은 매우 기이한 일이다. 일단 어떤 방법을 배우거나 이론을 채택하면 그것을 정설로 믿고 도전을 받아들이려 하지 않는 것 같다. 이런 까닭에 수평적 사고를 하는 사람들은 정통에서 벗어난 그들의 아이디어가 받아들여지기 전에는 비판을 받거나 조롱을 당하곤 한다.

Chapter 10

날고, 추락하고, 고쳐라

폴 맥크레디Paul MacCready, 1925-2007는 항공 엔지니어였고, 수평적 사고를 하는 사람이었다. 그는 최초의 인간 동력 항공기를 발명했다. 맥크레디는 코네티컷 주의 의사 집안에서 태어났다. 어린 시절부터 공학과 비행기에 매료되었던 그는 열다섯 살에 전국 모형 제작 대회에서 우승했다. 그는 "나는 늘 반에서 가장 작은 아이였고 운동도 잘하지 못했다. 그래서 모형 비행기에 관심을 갖고, 대회에 참가하고, 새로운 것을 만들기 시작하면서 다른 일상적인 학교생활에서 얻는 것보다 더 많은 심리적 혜택을 봤을 것이다"라고 말했다.

맥크레디는 2차 세계대전 중 미 해군 조종사로 훈련을 받았다. 예일대학교에서 물리학 학위를, 캘리포니아 공과대학교에서 항공학 박사학위를 받은 맥크레디는 1951년 대기 연구를 위해 자신의 첫 번째 회사인 기상학 연구소Meteorology Research를 설립했다. 그는 항공기를 이용한 기상 현상 연구의 선구자였다.

전문 글라이더였던 그는 1948년부터 1953년까지 전국 글라이딩 대회에서 세 번이나 우승을 했고, 1956년에는 세계 활공 챔피언에 올랐다. 또한 발명가로서 글라이더 파일럿이 속도를 상황에 따라 최적화할 수 있는 장치를 고안했는데, 이 장치는 지금도 사용되고 있다.

1970년대에 그는 새로운 사업에 투자했다 실패해 10만 달러의 빚을 졌는데, 이 빚을 갚기 위해 최초로 인간 동력을 이용한 비행에 성공한 사람에게 상금을 수여하는 크레머 대회에 참가했다.

1959년 영국의 사업가 헨리 크레머enry Kremer가 제정한 크레머 상은 인간 동력 항공기로 특정 높이에 표시가 되어 있는 총 1마일 (약 1.6킬로미터)의 8자 코스를 비행하는 첫 번째 팀에게 5만 파운드의 상금을 수여하기로 약속했다. 초기에 제작된 인간 동력 항공기는 주로 나무를 재료로 사용했지만 나무 비행체는 너무 무거웠다. 투석기를 사용해 비행기를 발사하는 사람들도 있었다. 비행 거리에서는 제한적인 성공을 거뒀지만, 회전 코스에서 비행기를 조종하는 데 어려움을 겪은 팀들도 있었다. 이렇게 이 상은 18년 동안 주인을 찾지 못했다.

폴 맥크레디와 피터 리사먼Peter Lissaman은 새로운 시각으로 이 문제에 접근했다. 그들은 고새머 콘도르Gossamer Condor라는 전형에서 벗어난 디자인을 고안했다. 행글라이더를 기반으로 한 이 디자인은 날개 면적이 매우 넓고 조종사를 위한 곤돌라가 밑에 있었다. 기체 앞에 있는 카나드canard(카나드 표면이라고 알려진 작은 수평 날개 모양의 표면을 항공기의 동체 앞에 위치시켜 양력을 생성하고 항공기에 안정성과 제어를 제공하는 장치-옮긴이)라는 새로운 제어 메커니즘이 두드러진 특징이었다. 이 항공기는 경량 플라스틱, 자전거 부품, 알루미늄 날개보로 만들어졌고, 인간의 힘으로 이륙할 수 있었다.

고새머 콘도르는 개발 과정에서 여러 차례 추락한 끝에 아예 추락 후에 쉽게 보수하고 수정할 수 있도록 설계되었다. 카드를 테이프로 붙이는 방식으로 꼬리 날개를 조정하기도 하는 등 많은 진화가 있었다.

마침내 1977년 8월 23일 브라이언 앨런Bryan Allen이 조종한 이 항공기는 캘리포니아 주 샤프터에 위치한 민터 필드에서 7분간 상공에 머물며 영국 왕립항공협회가 지정한 8자 코스를 완주했고, 크레머 상은 드디어 주인을 찾았다. 고새머 콘도르는 현재 스미소니언 국립항공우주박물관에 보존되어 있다.

크레머는 이번에는 인간 동력을 이용해 최초로 영국해협을 횡단하는 데 10만 파운드를 제안했다. 맥크레디는 그 도전을 받아들였다. 그리고 1979년 콘도르의 후속작인 고새머 알바트로스Gossamer Albatross를 제작해 영국에서 프랑스까지의 비행에 성공하면서 두 번째 크레머 상을 수상했다. 맥크레디는 알바트로스를 설계하고 제작한 공로로 매년 항공 분야에서 가장 큰 업적을 이룬 사람에게 수여하는 콜리어 트로피를 수상했다.

그는 1971년 무인 항공기를 개발하는 공기업, 에어로바이런먼트AeroVironment를 설립했다. 이 회사는 수소연료 전지를 동력으로 하는 최초의 항공기인 글로벌 옵저버Global Observer를 만들었고, 계속해서 고새머 펭귄Gossamer Penguin과 솔라 챌린저Solar Challenger와 같은 태양열 항공기도 제작했다. 또한 NASA와 함께 태양열 항공기를 설계하고 제너럴모터스와 함께 태양열 자동차를 설계하기도 했다.

1985년에는 스미소니언박물관을 위해 익룡 케찰코아틀루스Quetzalcoatlus의 움직이는 원격 조종 모형을 만들었는데, 실제의 절반 크기인 이 비행 파충류의 모형은 날개 길이만 18피트(약 5.5미터)였다. 이 모형은 여러 차례 성공적으로 비행한 후 메릴랜드 에어쇼에서 추락했다. 그는 경주용 자전거 기술과 더 빠른 인간 동력 자동차 부문의 혁신에 수여하는 닛산 뎀프시 맥크레디 상을 후원하기도 했다. 이후 2007년에 흑색종으로 사망했다.

수평적 사고를 하는 사람은 '날고, 추락하고, 고친다'라는 맥크레디의 모토를 따른다. 다른 참가자들은 수년에 걸쳐 정교한 항공기를 설계하고 제작했지만 수상에 실패했다. 하지만 맥크레디 팀은 단 몇 달 만에 상을 거머쥐었다. 그 비결 중 하나는 빠른 피드백 루프였다. 그들은 날고, 추락하고, 고쳤다. 실패를 예상하고 그 것을 배움과 개선의 원천으로 이용했다. 자전거 타는 법을 배울 때 우리는 여러 번 넘어지리라고 예상한다. 긍정적인 사고의 힘을 믿는 사람이라도 성공을 위한 계획을 세워서는 안 된다. 우리는 실 패를 예상해야 하고, 실패할 때마다 수정해야 한다.

또 다른 교훈은 지면 가까이에서 비행하는 것이다. 맥크레디의 항공기와 조종사는 지상에서 15피트(약 4.5미터) 이상 올라가지 않 았기 때문에 안전하게 추락할 수 있었다. 즉, 안전하게 실패할 수 있도록 실험을 설계해야 한다.

Chapter 11

반대 의견에 귀를 기울여라

랜스다운의 5대 후작인 헨리 페티피츠모리스Henry Charles Keith
Petty-Fitzmaurice, 1845-1927는 영국 자유당과 보수당 정부 모두에서 고
위직을 역임한 저명한 정치가였다. 그는 5대 캐나다 총독, 인도 총
독, 국방부 장관, 외무부 장관 등을 지냈다. 그는 영국 귀족의 기둥
이었으며 기득권층의 가치관에 깊이 물들어 있는 사람이었다.

1917년 11월, 1차 세계대전이 3년 동안 계속되면서 수백만 명
의 사망자가 발생했다. 이 전쟁으로 아들을 잃은 랜스다운은 전쟁
이 문명 자체에 대한 위협이며, 독일의 완전한 파괴는 그들이 추구
해야 할 목표가 아니라는 확신을 갖게 되었다. 양심의 가책을 느
낀 그는 유혈 사태의 종식과 독일과의 평화협상을 촉구하는 글을
써 정부에서 회람하도록 했다. 동료들은 그의 제안을 바로 거부했

다. 그는 《타임스》의 편집장 제프리 도슨Goeffrey Dawson을 집으로 초대해 자신의 논거를 자세히 설명하는 편지를 발표해달라고 부탁했다. 도슨은 '깜짝 놀라며' 거절했다. 랜스다운은 이 편지를 《데일리 텔레그래프Daily Telegraph》에 제공했고, 이 신문은 1917년 11월 29일에 편지를 게재했다.

> 우리는 이 전쟁에서 지지 않을 것이다. 하지만 전쟁의 장기화는 문명 세계의 붕괴를 가져오고, 이미 인류를 짓누르고 있는 고통의 무게는 끝없이 가중될 것이다. …… 우리가 바라는 것은 강대국 독일의 전멸이 아니다. …… 우리는 독일 국민에게 그들이 선택하지 않은 정부 형태를 강요하려는 것이 아니다. …… 우리는 독일이 전 세계 상업 공동체에서 차지하는 위치를 부정하려는 것이 아니다.

전 세계로부터 랜스다운에게 비난이 쏟아졌다. 랜스다운은 정치인, 논평가, 군 지도자들이 기피하고 비판하는 천덕꾸러기가 되었고, 그의 편지는 '수치스러운 행동'이라는 비난을 받았다. 그 편지는 오로지 독일의 전멸을 바라는 여론과 완전히 상충되는 것이었다. 그의 정치 경력은 끝났고 많은 사람들이 그를 반역자로 생각했다. 이런 맹비난에도 불구하고 그는 자신의 뜻을 꺾지 않았다. 하지만 그의 견해는 아무런 영향력이 없었다.

아마 그가 옳았을 것이다. 그의 견해를 고려했어야 했다. 독일과 평화협상을 했다면 수많은 생명을 구할 수 있었을 것이다. 또한 1919년 베르사유 조약 이후 독일이 부담스러운 전쟁 배상금을 떠안는 일도 피할 수 있었을 것이다. 많은 역사가들은 이 조약의 조건들이 히틀러의 부상과 2차 세계대전의 씨앗이 되었다고 생각한다.

랜스다운의 편지 이후 반세기가 흘렀을 즈음, 또 다시 비슷한 일이 일어났다. 콘라드 켈런Konrad Kellen, 1913-2007은 법학을 공부한 독일계 유대인으로 1935년 미국으로 이민을 떠났다. 뛰어난 두뇌를 가진 그는 미 육군 정보장교가 되었고, 이후 펜타곤이 고급 국방 정보 분석을 위해 설립한 영향력 있는 싱크탱크인 랜드RAND Corporation에서 근무했다. 1960년대에 그는 생포된 수백 명의 베트콩 병사들의 인터뷰를 연구해 북베트남의 사기士氣와 의도를 파악하는 일을 했다. 당시 미국 국방부는 베트콩의 사기가 많이 떨어져 있는 상태이며, 따라서 미군을 추가로 투입하고 좀 더 폭격을 가하면 머지 않아 베트콩이 무너지리라고 생각했다.

켈런은 공들인 분석을 통해 국방부 내의 지배적인 평가와 달리 적군의 사기가 높아 미국이 전쟁에서 승리할 수 없을 것이라는 결론을 내렸다. 1965년 켈런은 다른 사람들과 함께 미국 정부에 병력 철수를 촉구하는 공개서한을 보냈다. 하지만 적의 사기가 낮기 때문에 전쟁에서 승리할 수 있다는 낙관적인 견해를 유지하고 있던 미국 정부는 그의 주장을 무시했다. 지금 우리는 켈런이 옳았고 그의 접근법을 채택했다면 많은 생명을 구할 수 있었다는 것을 알고 있다. 그렇게 많은 자문가들이 틀린 예측을 하는 가운데에서 켈런은 옳은 판단을 할 수 있었던 이유는 무엇일까? 작가 말콤 글래드웰Malcolm Gladwell은 켈런이 자신이 들은 것을 편견이나 선입견 없이 객관적으로 받아들이는 훌륭한 경청자였다고 말한다.[12]

우리는 보편적인 견해에 반하는 주장을 하는 것이 얼마나 어려운지 쉽게 잊곤 한다. 공익을 위해 행동하는 정부 기관, 병원, 대기업의 내부 고발자들은 엄청난 적의와 반대에 직면하곤 한다.

권력과 대중에 도전하는 데에는 큰 용기가 필요하다. 하지만 그런 용기가 필요한 무수한 순간들이 있다. 랜스다운이나 켈런과 같이 반대의 생각을 가진 사람들을 경멸하거나 무시해서는 안 된다. 그들이 목소리를 내도록 격려해야 하고, 아무리 인기가 없는 의견이라도 냉정하게 검토해야 한다.

통념에 반하는 의견을 제시할 때는 시점, 방법, 태도에 주의를 기울여야 한다. 자칫하면 오만한 사람, 심하면 미친 사람처럼 보일 수 있기 때문이다. 증거를 모으고 당신을 지지해줄 만한 동료들에게 미리 알려라. 우선 당신의 목표가 조직이나 기관의 목표와 다르지 않다는 것을 보여준 후 기존의 접근방식이 최선이 아닐 수 있다는 우려를 표명하라. 그리고 적절한 스토리를 만들고, 사실과 논리를 제시하고, 겸손한 태도로 상대의 감정에 호소하는 등의 방법으로 자신의 주장을 발전시켜라.

Chapter 12

전쟁을 승리로 이끈
수평적 사고

전쟁은 인류가 가장 진지하게 임하는 일 중의 하나다. 승리 또는 생존을 위한 이 투쟁에는 엄청난 노력과 병력이 투입된다. 하지만 강한 병력을 가지고 있다고 해서 반드시 승리하는 것은 아니다. 다윗과 골리앗의 싸움에서도 알 수 있듯이, 언제든 기민함과 영리한 전술로 적의 허를 찌를 수 있는 여지가 존재한다. 다음은 전쟁에서 수평적 사고를 이용하여 승리를 거둔 주목할 만한 사례다.

트로이의 목마

『일리아드』는 서양 문명에서 가장 오래된 문학 작품으로, 기원전 8세기에 호메로스가 썼다고 알려져 있는 그리스 시대의 서사시이다. 이 작품에는 그리스와 트로이 제국 사이의 긴 전쟁과 트로이라는 도시의 포위 공격에 대한 이야기가 담겨 있다.

전설에 따르면, 오디세우스가 이끄는 그리스군은 10년에 걸친 포위 공격에 실패한 끝에 수평적 사고를 활용하여 거대한 목마를 만들었다. 그리스군은 목마 안에 40여 명의 정예 병력을 숨겨놓은 채 싸움을 그만두고 배를 띄워 고국으로 돌아가는 듯한 모습을 보여주었다. 승리감에 젖은 트로이군은 목마를 전리품으로 여기고 성 안으로 옮겼다. 그날 밤 목마 안에 숨어 있던 그리스 병사들은 어둠을 틈타 다시 돌아온 그리스군이 성 안으로 들어올 수 있도록 성문을 열어주었고, 그리스군은 강력한 도시 트로이를 점령하면서 전쟁에서 승리했다.

이 이야기에서 나온 '트로이 목마'라는 말은 위장을 해서 적의 내부에 침투하는 속임수를 의미하게 되었다.

알프스를 넘은 한니발

기원전 218년 29세의 카르타고 장군 한니발은 대담하게도 세계를 지배하고 있던 로마 제국을 공격하기 위한 원정에 나섰다. 그는 대군을 이끌고 스페인에서 출발해 프랑스 남부를 거치고 알프스 산맥을 넘어 북쪽에서 로마 제국을 공격했다. 그의 부대에는 로마 병사들이 이전에 본 적 없던 38마리의 전투 훈련을 받은 코끼리도 있었다. 그 전까지 아무도 알프스 산맥을 넘는 행군을 감행한 적이 없었다. 공격과 추위, 눈사태로 많은 병사를 잃기는 했지만 한니발이 이탈리아에 도착할 때까지 로마인들은 카르타고의 공격을 전혀 눈치 채지 못하고 있었다.

로마인들은 카르타고 군대를 격퇴하기 위해 군대를 보냈지만 한니발은 세 번의 큰 전투에서 그들을 물리쳤다. 그중 세 번째 전투인 칸나에 전투는 그가 사용한 혁신적인 전술로 유명하다. 기원전 216년 한니발은 칸나에 평원에서 5만의 로마군에 맞섰다. 한니발은 최정예 병사들을 병력의 측면에 배치한 다음 중앙에 있는 군사들에게 로마인들과 교전을 벌이다가 후퇴하게 했다. 로마군이 초승달 모양으로 배치된 한니발 부대의 중앙으로 들어서자 한니발은 측면의 병사들에게 로마군을 공격하라고 지시했다. 이 전투에서 로마군 대부분이 죽거나 포로가 되었다. 이것은 전쟁사에서 가장 위대한 전술 중 하나로 꼽히며, 전 세계 사관학교에서 이 전술을 가르치고 있다.

넬슨 제독의 트라팔가 해전

1805년 10월 21일 스페인 카디스 해안에서 33척의 전열함으로 이루어진 프랑스와 스페인 연합함대를 넬슨 제독이 이끄는 27척의 영국 함대가 가로막았다. 이어진 트라팔가 해전은 다음 세기 공해와 유럽 전역의 힘의 균형을 결정지었다. 당시의 해전은 양측 함대가 나란히 정렬해 상대에게 대포를 쏘는 방식이었다. 이런 이유에서 이 함선들은 '전열함ships of the line'이라고 불렸다. 하지만 넬슨은 이 전투에서 새로운 전술을 사용했다. 그는 배를 90도로 돌려 2열 종대로 만들고 프랑스와 스페인의 전열로 돌진하게 했다. 넬슨의 전술은 함선들이 적의 진영으로 파고드는 동안에는 공격이 어렵다는 단점이 있었지만, 연합함대 역시 영국 함선들이 세로로 접근하면서 표적이 작아져 조준하기가 어려웠다. 반면 일단 전선을 돌파한 영국 함대는 근거리에서 파괴적인 공격을 가할 수 있었다.

이런 혁신적인 접근법이 큰 효과를 거두면서 넬슨이 이끄는 함대는 큰 승리를 거두었다. 17척의 프랑스와 스페인 함선이 나포되거나 파괴되었지만, 영국은 한 척의 배도 잃지 않았다. 다만, 넬슨제독은 프랑스 저격병에 피격되어 목숨을 잃었기에 승리의 기쁨을 누릴 기회는 없었다.

2차 세계대전 최고의 허세

2차 세계대전 당시 독일 중순양함 아트미랄 그라프 슈페Admiral Graf Spee는 엄청난 파괴력을 발휘했다. 1939년 9월부터 12월까지

남대서양에서 침몰시킨 상선만 9척에 달했다. 이 강력한 장갑함은 280밀리 주포 6문을 장착했으며, 최고 속도가 28노트에 달했다. 이는 따라잡을 수 있는 영국이나 프랑스 해군의 함선이 거의 없다는 의미였다. 이 함선을 지휘한 것은 1차 세계대전 당시 독일 해군 중위로 활약한 공로로 철십자 훈장을 받은 한스 랑스도르프Hans Langsdorff였다.

영국은 이 막강한 독일 함선을 막기 위해 경순양함 3척을 보냈고, 이들은 1939년 12월 13일 라플라타 강(아르헨티나와 우루과이 사이를 흐르는 강-옮긴이) 전투에서 그라프 슈페와 교전을 벌였다. 그라프 슈페는 영국 함선들에 큰 피해를 입혔지만, 자신 역시 피해를 입고 연막 작전을 펼쳐 간신히 우루과이의 몬테비데오 항구로 후퇴했다.

그라프 슈페가 수리를 위해 몬테비데오에 정박해 있는 동안 영국 해군 정보국은 거짓 정보를 흘렸다. 항구를 벗어나려는 배를 파괴하기 위해 적의 병력이 우루과이 영해 바깥에 모여들고 있다는 내용이었다. 영국 해군성은 독일 정보기관이 감청하는 것으로 알려진 주파수로 이런 정보를 보냈고, 이는 남미 언론에도 유출되었다. 사실 가장 가까운 중화기인 항공모함 아크 로열 호와 순양전함 리노운 호는 2,500마일(약 4,000킬로미터) 이상 떨어져 있었다. 개입하기에는 너무 먼 거리에 있었던 것이다. 영국군의 보고를 믿은 랑스도르프는 여러 선택지들을 두고 베를린의 지휘관들과 논의를 했다. 몬테비데오를 떠나 (독일에 우호적이었던) 아르헨티나 정부가 함선을 받아줄 부에노스아이레스로 피신하거나, 라플라타 강 어귀에서 함선을 자침시켜야 했다.

배가 적의 손에 들어가지 않게 하라는 베를린의 지시를 받은 랑스도르프는 승조원들의 목숨을 위태롭게 하고 싶지 않아 함선을 침몰시키기로 결정했다. 그는 12월 18일 함선을 자침시켰다. 영국군은 거짓으로 허세를 부려 독일군이 가장 강력한 무기 중 하나를 스스로 포기하게 만들었다. 랑스도르프는 아마 자신의 실수를 깨달았을 것이다. 12월 20일, 그는 권총을 이용해 스스로 목숨을 끊었다.

마지노선

1차 세계대전을 경험한 영국군과 프랑스군으로 이루어진 연합군 사령부는 독일과의 새로운 전쟁인 2차 세계대전도 이전의 전쟁과 마찬가지로 전선을 사이에 두고 대규모의 정적인 교전이 벌어질 것이라고 생각했다. 따라서 프랑스는 프랑스의 국방장관 앙드레 마지노André Maginot의 이름을 딴 마지노선을 따라 대규모 방어 요새를 건설했다. 마지노선은 이탈리아, 스위스, 독일, 룩셈부르크와 마주하는 프랑스 국경 전체에 이어져 있었다. 하지만 벨기에와의 관계 때문에 영국 해협까지 이어지는 벨기에 국경에는 요새를 만들지 못했다. 연합군의 전략은 공중 폭격, 포병, 지상군의 공격을 막도록 설계된 마지노선으로 독일군의 침략을 둔화하고 연합군의 반격에 필요한 시간을 확보하는 것이었다.

하지만 1940년 독일군은 수평적 사고를 바탕으로 공격을 시작했다. 그들은 이전의 전술을 버리고 새로운 종류의 전쟁, 전격전blitzkrieg을 생각해냈다. 선두에 탱크가 집중 배치된 기갑사단이 빠르게 움직이는 전술이었다. 낙하산과 글라이더도 사용됐다. 독일군은 저지대 국가를 통해 전선을 북쪽으로 우회했다. 프랑스와 영국은 이를 예상하고 벨기에 국경을 따라 강력한 군대를 배치했다.

하지만 이와 같은 연합군의 계획에는 치명적인 약점이 있었다. 지형이 험한 아르덴 숲은 전차 공격에 적합하지 않다고 생각하고 방어에 집중하지 않았던 것이다. 독일군은 이 약점을 알고 숲을 뚫고 뫼즈 강을 건너 빠르게 진격하여 북쪽의 영국군과 프랑스군을 포위했다. 연합군은 됭케르크로 후퇴할 수밖에 없었다. 결국 마지노선은 무용지물이 되었고, 프랑스는 불과 몇 주 만에 백기를 들었다.

9.11

2001년 9월 11일, 이슬람 과격파 무장단체 알카에다가 미국을 대상으로 4건의 조직적인 자살 테러 공격을 감행했다. 19명의 테러리스트가 4대의 민항 여객기를 납치해 미국의 주요 건물에 충돌시켜 대규모 인명 피해를 내려는 계획이었다. 이들은 비행기 2대를 뉴욕의 세계무역센터 북쪽과 남쪽 타워에 차례로 충돌시켜 두 건물을 무너뜨리는 데 성공했다. 세 번째 비행기는 펜타곤 건물에 충돌했다. 네 번째 비행기는 승객들의 저항으로 계획된 공격에 실패한 후 들판에 추락했다.

이 공격으로 2,977명이 사망했다. 인류 역사상 가장 치명적인 테러 사건이었고, 412명이라는 미국 역사상 가장 많은 소방관과 경찰관이 순직한 사건이기도 했다. 이 잔혹 행위를 지휘한 것은 오사마 빈 라덴이었다. 그의 목적은 미국에 엄청난 피해를 입혀 알카에다와 알카에다의 목표를 전 세계에 알리는 것이었다. 이런 끔찍한 수평적 사고의 핵심은 연료를 실은 여객기를 무기로 삼아 건물로 날려 보낸다는 것이었다. 안타깝게도 범죄자와 테러리스트에 의해 사용되는 수평적 사고는 한층 더 치명적인 범죄로 이어질 수 있다.

Chapter 13

타격 흔적이 없는 부분을 보강하라

아브라함 왈드Abraham Wald는 1902년 당시 오스트리아-헝가리 제국의 일부였고 지금은 루마니아인 트란실바니아에서 태어났다. 독실한 유대교 신자였던 그의 가족들은 토요일에 학교에 가는 것을 허락하지 않았기 때문에 왈드는 집에서 부모님의 가르침을 받았다. 수학에 뛰어난 재능을 갖고 있던 그는 1931년 비엔나대학교에서 박사학위를 받았다. 하지만 유대인에 대한 차별 때문에 일자리를 구하기가 몹시 힘들었다.

1938년 나치가 오스트리아를 침공하자 왈드는 미국으로 이주해 컬럼비아대학교의 통계 연구 그룹에 합류했다. 여기에서 그는 수학과 경영 효율성 연구 분야에서 쌓은 뛰어난 능력을 군사 문제에 적용할 수 있게 되었다.

그가 맡은 과제는 독일군의 포격으로 인한 항공기, 특히 폭격기의 피해 분포를 조사하는 것이었다. 폭격기에 보호판을 추가할 수는 있지만 이렇게 장갑이 늘어나면 기체의 무게도 늘어나게 된다. 폭격기가 실어야 하는 포탄과 연료를 고려할 때 무제한으로 기체를 보강할 수는 없는 일이었다. 무사히 귀환한 항공기를 살펴보니 대공포의 타격을 더 많이 받은 부분들이 있었고, 군 수뇌부는 당연히 그 부분을 보강하게 했다. 하지만 왈드는 이런 생각에 이의를 제기했다. 그는 적의 포격이 항공기 전체에 고르게 분포될 것이라고 생각했고, 미군이 가지고 있는 표본은 임무에서 살아 돌아온 폭격기뿐이라는 사실을 떠올렸다. 다시 말해, 살아 돌아온 항공기의 구멍은 비행기가 손상을 입고도 생존할 수 있는 부분을 보여주는 것이다. 왈드는 공군에 귀환하는 항공기에서 손상을 입지 않은 부분을 보강할 것을 제안했다. 그 부분이 비행기에 치명적인 손상을 입힐 수 있는 부위라는 것이 그의 추론이었다. 그는 "타격 흔적이 없는 부분을 보강하라"고 말했다.

그의 통찰력이 옳았다는 것이 입증되었고, 이 이야기는 반직관적 사고의 사례로 유명해졌다. 이것은 '생존자 편향survivorship bias'의 위험성을 잘 보여준다.

1950년 전쟁이 끝난 후 왈드는 인도에서 강연 요청을 받는데, 안타깝게도 그곳에서 그의 아내와 함께 비행기 추락 사고로 사망했다.

Chapter 14

위대한 건축물을 만든
수평적 사고

예술과 공학이 결합되어 있는 건축은 특히 수평적 사고를 적용할 여지가 많은 분야이다. 따라서 개별 건축물의 측면에서 혹은 이후 여러 건축에 영향을 준 혁신적 측면에서 봤을 때 수평적 사고가 적용된 다양한 사례를 찾아볼 수 있다. 다음은 내가 가장 선호하는 몇 가지 사례이다.

기자의 대 피라미드, 기원전 2600년

이 기념비적인 건축물은 고대 세계 7대 불가사의 중 하나이며, 오늘날까지 온전히 남아 있는 유일한 고대의 건축물이기도 하다. 대 피라미드는 엄청난 야심작으로, 10여 년에 걸쳐 약 1만 5,000명의 인력과 약 550만 톤의 석회암이 사용되었다. 이 건축물은 3,800년 동안 세계에서 가장 크고 높은 건물의 지위를 유지했다.

아치, 기원전 2000년

아치는 수평적 사고가 발휘된 좋은 예다. 이집트, 잉카, 그리스 (대부분)를 비롯한 많은 고대 문명은 아치에 대해 알지 못하거나 사용하지 않았다. 그들은 기둥과 상인방lintel(건축물에서 입구 위에 수평으로 가로질러 놓인 석재-옮긴이)으로 건물을 짓는 자명하고 직접적인 방식을 사용했다. 아치는 기원전 2000년경 메소포타미아에서 처음 발견되었다. 아치를 이용하면 인장 응력을 압축 응력으로 대체해 더 넓은 공간을 확보할 수 있다. 로마의 수로와 신전에서 볼 수 있듯이 로마인들은 아치를 광범위하게 사용했다.

프랑스의 플라잉 버트레스, 12세기

아치형 천장을 가진 건물의 규모가 커지면서 지지하는 벽들을 바깥쪽으로 밀어내는 힘으로부터 보호해야 할 필요성이 생겼다. 버트레스는 이런 역할을 하며, 플라잉 버트레스는 이전의 버트레스보다 더 아름답고, 가볍고, 비용 면에서도 효율적이다. 플라잉 버트레스는 그 이전에도 존재했지만, 특히 12세기 이후 지어진 고

딕 양식의 프랑스 대성당에서 진가를 발휘했다. 초기 사례의 좋은
예가 1180년에 지어진 파리의 노트르담 대성당이다. 플라잉 버트
레스라는 아이디어 덕분에 벽이 얇고 창문이 큰 대규모 건물을 지
을 수 있었다.

모스크바의 성 바실리 대성당, 1551년

러시아의 아이콘인 이 성당은 1551년에서 1555년 사이에 이
반 뇌제의 명령으로 지어졌다. 성당에는 모닥불의 불꽃 모양을 딴
9개의 돔이 있다. 드미트리 시비드콥스키Dmitry Shvidkovsky는 『러시
아 건축과 서양Russian Architecture and the West』에서 "바실리 대성당은
러시아의 어떤 건축물과도 다르다. 5세기부터 15세기까지 천 년
동안의 비잔틴 전통에서 이와 유사한 것은 전혀 발견되지 않는다.
…… 설계의 여러 세부적인 사항들에 나타나는 현란한 간섭, 복잡
성, 의외성, 다양하고 섬세한 디자인 요소들의 눈부신 교차가 자
아내는 놀라운 기묘함"이라고 말하고 있다.[13]

시카고의 홈 인슈어런스 빌딩, 1885년

시카고의 홈 인슈어런스 빌딩은 1884년 윌리엄 제니William
Jenney가 설계하고 이듬해에 완공된 세계 최초의 마천루다. 1891년

에 2개 층이 추가되어 총 12층이 된 이 건물의 높이는 당시로서
는 견줄 곳이 없었다. 철골 구조물로 지어진 최초의 고층 건물이었
던 이 빌딩은 1885년에 문을 열었고, 46년 후인 1931년에 철거되
었다.

에펠탑, 1889년

에펠탑은 이런 유형으로는 최초 건축물이며 아직까지도 세계
에서 가장 높은 연철 구조물이다. 1889년 프랑스 혁명 100주년을
기념하는 세계박람회를 위해 구스타브 에펠Gustave Eiffel의 설계로
건설된 에펠탑은 당시에 많은 논란을 불러일으켰고, 권력과 영향
력을 가진 많은 사람들의 반대가 있었기에 박람회가 끝난 후 철거
될 임시 구조물로만 여겨졌다. 하지만 에펠탑은 세계에서 가장 높
은 인공 구조물로 엄청난 인기를 얻었으며, 현재 세계에서 가장 많
은 사람이 방문하는 유료 기념물이다.

바르셀로나의 라 사그라다 파밀리아

라 사그라다 파밀리아 바실리카Basilica(끝 부분이 둥그렇고, 내부에
기둥이 두 줄로 서 있는 큰 교회나 회관-옮긴이)는 카탈루냐의 건축가 안
토니 가우디Antoni Gaudi가 설계한 것이다. 1882년에 건축이 시작되

었지만 아직 완공되지 않았다. 이 성당에는 고딕 양식과 아르누보 양식이 결합되어 있다. 미술 평론가 라이너 체르브스트Rainer Zerbst 는 "예술의 역사를 통틀어도 이와 같은 교회 건물을 찾는 것은 불가능할 것"이라고 말했다. 건축 평론가 폴 골드버거Paul Goldberger 는 "중세 이래 고딕 건축에 대한 가장 특별한 개인적 해석"이라고 묘사했다.

시드니 오페라 하우스, 1973년

시드니 오페라 하우스는 세계에서 가장 독특한 건물 중 하나이자 20세기 건축의 걸작으로 여겨진다. 덴마크 건축가 예른 웃손 Jorn Utzon은 이 표현주의 디자인으로 200개 이상의 작품이 출품된 국제 공모전에서 우승했다. 이 건물은 건축계 최고의 영예인 프리츠커 상도 수상했다. 조립식 강화 콘크리트를 사용한 이 건축물의 디자인은 배의 돛을 본뜬 것이다.

런던의 로이드 빌딩, 1986년

리처드 로저스Richard Rogers가 설계한 로이드 빌딩은 '바웰리즘 Bowellism'이라는 획기적인 특징을 가지고 있다. 덕트, 엘리베이터 등 건물의 모든 부수적 기능을 외부에 배치해 내부 공간을 극대

화한 것이다. 이 때문에 인사이드 아웃 빌딩inside-out buiding이라고
도 불린다.

오사카의 게이트 타워 빌딩, 1992년

이 16층짜리 오피스 빌딩이 주목받는 이유는 4차선 고속도로
가 건물을 통과하기 때문이다. 고속도로가 가로지르는 5층에서
7층은 비어 있다.

빌바오의 구겐하임 미술관, 1997년

건축가 프랭크 게리Frank Gehry는 티타늄과 유리로 기념비적인
형태의 대단히 혁신적인 건축물을 설계했다. 이것은 가장 칭송받
는 현대 건축물이 되었다.

베이징의 버드 네스트 스타디움, 2007년

8만 명을 수용할 수 있는 중국 국립경기장은 버드 네스트(새
둥지)라는 이름으로 알려져 있다. 스위스 건축가 자크 헤르조그
Jacques Herzog와 피에르 드 뫼롱Pierre de Meuron이 중국 예술가 아이
웨이웨이Ai Weiwei와 건축가 리 싱강Li Xinggang의 도움을 받아 설계

한 작품이다. 중국 도자기를 근간으로 한 이 디자인은 강철 띠들이 무작위처럼 교차해 새 둥지처럼 보이는 것이 특징이다.

대부분의 건축물은 일상적이고 실용적이며 평범한 성격을 갖고 있다. 하지만 프로젝트를 진행하는 사람이 대담하게 건축가에게 자유와 예산을 제공할 수만 있다면 건축가들은 멋진 새로운 개념을 만들어낼 기회를 얻을 수 있을 것이다.

Chapter 15

예상치 못한 결과가 가져온
놀라운 발명품

우리는 예기치 못한 일이나 놀라운 일이 발생하면 짜증을 내거나 주의가 산만해진다고 불평을 한다. 일의 진행을 지연시키기 때문에 재빨리 피하려고만 한다. 하지만 때로는 한 발 물러서서 우연이 우리에게 가져다준 것의 의미를 깊이 생각해보는 것이 도움이 된다. 다음과 같은 예기치 못한 일들을 생각해보자.

- 1908년 뉴욕에서 차를 파는 한 상인이 작은 실크 주머니에 찻잎 샘플을 담아 시음용으로 고객들에게 보냈다. 원래는 실크 주머니에서 찻잎을 꺼내 사용해야 했지만, 간혹 실크 봉지를 통째로 찻주전자에 넣어 뜨거운 물을 붓는 사람들도 있었다.
- 1928년 스코틀랜드의 한 세균학자가 휴가를 마치고 실험실에 돌아

와 페트리 접시 중 하나에서 이상한 곰팡이가 자라고 있는 것을 발견했다.

- 1940년대 초 스위스의 한 엔지니어가 반려견과 함께 쥐라 산맥에 산책을 갔다. 집에 돌아온 그는 자신의 바지와 개의 털에 작은 씨앗이 많이 붙어서 좀처럼 떨어지지 않는 것을 발견했다.
- 1946년 미국의 방위산업체 레이시온Raytheon에 근무하던 한 엔지니어는 레이다의 필수 부품인 마그네트론 튜브를 연구하던 중 주머니에 있던 초콜릿 바가 녹은 것을 발견했다.
- 1970년대에 음악용품 회사에서 일하던 한 기술자가 회로를 잘못 연결했는데, 부품에서 이상한 신음 소리가 났다.
- 1989년 한 제약회사는 심장 관련 흉통을 치료하기 위해 개발한 약물에 대한 임상시험을 진행했다. 이 약은 흉통에는 큰 효과가 없었지만, 임상시험에 참여한 남성들이 색다른 부작용을 보고했다.

모두 짜증스러운 사고로 여겨질 만한 일들이었다. 대부분의 사람들은 고객들의 반응을 지나치거나, 페트리 접시를 닦거나, 바지를 털거나, 주머니에서 끈적끈적한 초콜릿을 떼어내거나, 회로를 다시 정확하게 배선했을 것이다. 하지만 다행히도 이 이야기의 주인공들은 모두 예상치 못했던 사건을 반갑게 받아들이고 조사하고 행동에 옮겼고, 그 결과 다음과 같은 혁신적 결과를 얻을 수 있었다.

- 토머스 설리번Thomas Sullivan은 고객들이 이 새로운 방식에 만족한다는 이야기를 듣고 대량으로 생산할 수 있는 소형 티백을 만들었다. 처음에는 거즈를 다음에는 종이를 이용했다. 이후에는 봉지를 잔에서 쉽게 꺼낼 수 있도록 끈과 택을 추가했다. 참고로 《데일리 미러Daily Mirror》에서 진행한 잉글리시 헤리티지English Heritage의 설문에 따르면 사람들은 티백을 바퀴, 인터넷과 함께 역사상 가장 중요한 발명품 중 하나로 평가하고 있다.

- 알렉산더 플레밍은 접시에서 곰팡이가 있는 부분에 박테리아가 없는 것을 보았다. 그가 페니실린을 발견한 것은 거의 우연 덕분이었다. 이 행운은 항생제 개발로 이어져 수백만 명의 생명을 구했다.

- 현미경으로 씨앗을 관찰한 조지 드 메스트랄George de Mestral은 씨앗에 작은 갈고리가 있어 바지 천에 붙어 있다는 것을 알게 되었다. 이후 그는 새로운 고정장치인 벨크로를 개발했다. 벨크로는 벨벳을 뜻하는 프랑스어 벨루어velours와 갈고리를 뜻하는 크로셰crochet에서 유래한 말이다.

- 퍼시 스펜서Percy Specer는 이 일로 세계 최초의 전자레인지를 개발했다.

- 스콧 번햄Scott Burnham은 이 기묘한 울음소리를 기타 페달 소리로 만들었다. 그는 너바나부터 라디오헤드까지 수천 개의 밴드가 음악에 사용한 페달인 랫Rat을 발명했다.

- 화이자는 이런 우연으로 비아그라를 발견했다.

페이건 케네디Pagan Kennedy는 그의 책『발명학Inventology』에서 모든 발명의 거의 절반이 우연에서 시작되었다고 주장한다.[14] 대부분의 발명은 다른 것을 연구하다가 얻은 아이디어나 발견의 결과이다.

PART 3

수평적 사고를 위한 도구

Lateral
Thinking for
Every Day

Chapter 16

6개의 생각 모자

6개의 생각하는 모자는 에드워드 드 보노가 개발한 방법으로,[15] 심의를 하거나, 회의를 진행하거나, 의사결정을 할 때 대단히 효과적이다. 이 방법은 의도적으로 일반적인 사고방식에서 벗어나도록 만듦으로써 수평적 사고를 촉진한다. 그룹의 모든 구성원이 동시에 같은 스타일로 생각하도록 유도하기 때문에 병렬 사고 기법이라고 묘사하는 것이 더 정확할 수도 있다. 이 방법은 팀이 훨씬 더 다각적이고 효과적인 방식으로 문제를 검토할 수 있게 하며, 중역 회의, 사교 클럽, 배심원단 회의와 같은 다양한 종류의 그룹 회의에서 사용되고 있다.

전형적인 회의에서는 대립적인 사고들이 나타나곤 한다. 이런 사고 스타일은 그리스인들로부터 유래한 매우 흔한 방식이다. 한 사람이 의견을 제시하면 다른 사람이 그것을 비판하고 반론을 제기한다. 이를 잘 보여주는 곳은 법정이다. 검찰이 피고인이 유죄라는 강력한 논거를 제시하면 변호사가 검찰의 모든 논거를 반박하며 피고인이 무죄라고 주장한다. 마찬가지로 영국 의회에서도 정부를 대변하는 사람들은 정부가 얼마나 일을 잘하고 있는지, 정부의 정책이 얼마나 효과적인지 설명하고, 반대할 의무가 있는 야당은 정부의 생각과 접근방식이 틀렸다고 주장한다. 이것이 드 보노가 '나는 옳고 너는 틀렸다'라고 표현한 사고방식이다. 이 접근법의 문제는 자존심이 올바른 판단에 방해가 될 수 있다는 것이다. 일단 자신의 주장을 단호하게 제시하고 나면 한 발 물러서서 상대방의 의견도 일리가 있다는 것을 인정하기가 어려워진다. 체면을 잃는 것을 좋아할 사람은 없다. 따라서 사람들은 처음의 입장을 단호하게 고수하려는 경향이 있다.

전형적인 비즈니스 회의의 또 다른 문제점은 회의실에서 가장 직위가 높거나 권력이 강한 사람이 회의를 시작하면서 자신의 견해를 밝히는 경우가 많다는 것이다. 그러면 직위가 낮은 사람들은 자연스럽게 그 사람의 의견에 이의를 제기하는 것을 주저한다.

6개의 생각하는 모자라는 방법을 통해 6가지 사고 스타일을 의미하는 6개의 다른 모자를 사용하면 사람들이 병렬적으로 생각하게 함으로써 대립적 사고의 문제를 극복할 수 있다. 모든 사람이 동시에 순서대로 6개의 같은 색 모자를 쓰고 회의를 진행하면 다음과 같은 모습이 된다.

특정 제안을 검토하는 회의를 하고 있다고 생각해보자. 먼저 흰색 모자로 시작한다. 흰색 모자는 정보나 데이터의 모자다. 이 단계에서는 모두가 흰색 모자를 쓰고 '당면한 상황에 대해 우리가 알고 있는 사실은 무엇인가?'라는 질문을 던진다. 그리고는 의견을 전달하거나 결론을 이끌어내지 않고 사실이나 통계 및 분석 데이터만을 검토한다. 때로는 회의 전에 이런 데이터가 포함된 백서를 회람하기도 한다. 흰 모자를 쓰고 있는 동안에는 수집해야 할 새로운 데이터를 확인할 수도 있다.

흰 모자를 벗은 뒤에는 빨간 모자를 쓴다. 빨간 모자는 감정과 정서의 모자다. 이것은 흥미로운 모자다. 보통 우리는 회의에서 감정에 대해 이야기하지 않기 때문이다. 하지만 감정은 대단히 중요한 요소다. 빨간 모자를 쓰고 있는 동안에는 모두가 그 제안에 대한 자신의 감정을 표현해야 한다. 반드시 정서적 측면에서 느끼는 것, 머리가 아닌 가슴에서 느껴지는 것을 이야기해야 한다. 따라서 '투자 수익률이 형편없을 겁니다'와 같은 말을 해서는 안 되며, '화가 나네요'와 같이 감정을 표현해야 한다. '기대가 되는데요'나 '불안합니다'라고 말할 수도 있다. 이런 진술에 대해서는 누구도 언쟁을 벌일 수 없다. 화가 나는 것은 화가 나는 것일 뿐이다. 그런 감정들을 기록할 때 나는 첫 번째 줄에는 부정적 감정을, 두 번째 줄에는 긍정적 감정을, 세 번째 줄에는 중립적 감정을 적는다.

다음에는 햇빛과 낙관주의의 노란 모자로 바꾸어 쓴다. 이 모자를 썼을 때는 해당 아이디어의 좋은 점에 대해서만 이야기한다. 이 아이디어가 효과를 낸다면 어떤 혜택이 있을까? 이 아이디어의 가장 큰 장점은 무엇일까? 아이디어가 끔찍하다고 생각되거나 회사 내의 정적이 내놓은 아이디어라도 긍정적인 점을 찾아야 한다. 가능한 한 많은 긍정적인 점을 나열한 다음 그것들의 우선순위를 정한다. 노란 모자를 쓰고 있는 동안에는 모두 긍정적이고 낙관적인 태도를 유지해야 한다.

다음은 모두가 비관주의, 위험, 경고의 검은 모자를 쓰고 해당 아이디어의 결점을 찾아야 한다. 따라서 엄청나게 좋은 아이디어라고 생각하더라도 잠재적인 위험이나 단점을 찾아야 한다. 보통 직장에서 항상 검은 모자를 쓴 것처럼 부정적인 견해를 가진 사람들이 노란 모자를 썼을 때 자신의 주요 활동 분야에서 밀려나듯이, 이번에는 모든 유망한 아이디어는 반드시 실행해야 한다고 생각하는 낙관주의자들이 생각을 달리 해야 한다. 검은 모자를 쓰고 단점 목록을 만들고 나면 순위를 정해 가장 심각한 문제를 파악한다.

더 계속하기 전에 지금까지의 내용을 요약해보자. 지금까지 우리는 4개의 모자를 쓰고 4가지 사고 스타일을 채택했다. 그 과정에서 우리는 핵심적인 사실들을 검토하고, 모두의 첫 느낌을 요약하고, 검토 중인 제안이 가진 장점을 적어 순위를 정했으며, 단점 목록을 만들고 순위를 정했다. 엄청난 진전이 있었지만 아직 논쟁을 하지는 못했다. 지금까지 절차에는 논쟁의 여지가 없었다. 하지만 당연히 공개적인 논의가 필요한데, 이 과정은 다음 모자인 녹색 모자를 쓰는 동안 진행된다.

녹색 모자는 성장, 창의성, 아이디어의 모자다. 이 모자를 쓰고 있는 동안에는 검토하고 있는 제안에서 개선할 방법을 찾는다. 이때는 '위험과 단점은 완화하면서 장점은 살릴 수 있는 방법을 찾을 수 있는가?'와 같은 질문을 던진다. 사람들은 제안을 하고 서로의 아이디어를 탐색한다. 이런 논의 후에는 녹색 모자를 쓴 상태로 결론에 도달하기 위해 노력한다. 가능성은 크게 3가지다. 제안을 그대로 받아들이거나, 제안을 거부하거나, 녹색 모자를 쓰고 있는 동안 도출된 아이디어들이 포함된 수정안을 받아들이는 것이다. 제안이 크게 달라졌다면 다시 흰색이나 빨간색, 노란색, 검은색 모자로 돌아가야 할 수도 있다.

마지막 모자는 파란색이다. 이것은 처리 혹은 통제의 모자다. 처음에 이 모자를 쓰고 6가지 모자 절차를 계획할 수도 있고, 마지막에 이 모자를 쓰고 절차가 어떻게 진행되었는지 검토할 수도 있다. 도중에 누군가 이 모자를 쓰고 절차를 따르지 않는다고 지적할 수도 있다. '모두가 노란 모자를 쓰고 있어야 하는데 당신은 검은 모자를 쓰고 비판하고 있습니다'라는 식으로 말이다.

나는 6개의 생각하는 모자 접근법을 사용해 여러 차례 회의를 진행했고 회의가 끝난 후 사람들의 의견을 조사했다. 이 회의는 보통의 비즈니스 회의와 비교해 어떤 점이 다를까? 사람들은 대체로 의욕적이었고, 모자를 이용한 회의가 훨씬 더 빠르고 집중적이고 효과적이었다고 말한다. 여러 가지 다른 관점에서 제안을 바라봤고, 한 사람의 목소리가 지배하는 상황이 펼쳐지지 않았기 때문이다. 이는 더 나은 의사결정으로 이어지며 이런 결정은 참가자들로부터 더 많은 지지를 얻게 된다.

Chapter 17

창의적 아이디어를 위한
디즈니의 방법

회의에 대해서는 언제나 불만이 많은 법이다. 회의 자체가 너무 많고, 관리가 안 되고, 너무 길고, (3장에서 논의한 것처럼) 깊이 생각하지 않고 다른 사람의 의견에 동의하는 집단사고가 존재하고, 대화를 좌우하는 지배적인 사람이 있고, 창의력을 찾아볼 수 없고, 결론이 나는 경우가 거의 없다는 것이다. 불만의 목록은 길고 대개 정당한 이유가 있다. 이런 어려움을 극복하기 위해서는 드 보노의 6개의 생각 모자를 사용하는 것도 좋지만, 그 외에 잘 알려지지 않은 또 다른 접근방식도 있다. 바로 디즈니 방식이다. 월트 디즈니Walt Disney가 자신의 크리에이티브 팀과 함께 사용했다고 해서 이렇게 불리는 이 방법은 혁신적인 해법과 프로젝트를 개발하고 검토할 때 특히 효과적이다. 이 방법은 4가지 다른 사고방식을 포함하는 병렬 사고 기법으로, 회의의 네 단계마다 모든 사람이 동일한 사고방식을 채택한다. 각 단계가 끝나면 사람들은 회의실을 나갔다가 다른 마음가짐을 갖고 다시 들어오는데, 회의실을 나갔다가 다시 들어오는 물리적 행위는 태도의 변화를 강화하는 데 도움이 된다.

우선 다양한 경험과 기술을 가진 사람들로 소규모 그룹을 만든다. 그리고는 주어진 과제를 분명하게 표현하며 문제 또는 목표를 명확하게 설명한다. 우선 그룹 전체가 외부인의 입장이 되어 당면한 문제와 관련된 사실, 데이터 및 외부 관점을 검토한다. 각자 컨설턴트, 고객, 공급업체, 경쟁업체의 역할을 맡아 문제에 대한 보다 균형 잡힌 시각을 확보할 수도 있다. 그 내용을 빈 종이에 메모를 하거나 컴퓨터에 기록해놓는다.

이후 그룹 전체가 방을 나갔다가 이번에는 몽상가로서 다시 입장한 다음 아무 제약 없이 이상적인 해법을 상상해본다. 확산적 사고를 이용해 문제를 해결하기 위해 모든 종류의 아이디어를 브레인스토밍 한다. 비판이나 판단은 허용되지 않는다. 가능한 많은 아이디어를 생각해내서 기록한다. 아이디어에는 어떤 제한도 없다. 자원이 부족하거나 상사에게 승인받아야 한다는 걱정 없이 좋은 해법을 상상하도록 격려한다.

그런 다음 다시 방을 나갔다가 이번에는 실현자로서 입장한다. 이제 사람들은 실용적이고 건설적인 사고방식을 가진 확고한 현실주의자가 되어 몽상가들이 내놓은 아이디어를 검토하고 기준을 적용해 최고의 아이디어로 수렴시킨다. 일단 최고의 아이디어를 선정하면 그것을 작은 단위의 계획으로 구체화한다. 다음 단계, 승인 절차, 예상 비용, 일정 등의 세부사항을 정리하고, 위험과 이점도 목록으로 만든다.

다시 회의실을 나갔다가 네 번째 사고 스타일을 가지고 입장한다. 이번에는 모두가 비평가가 되어 계획을 검토하면서 문제점, 장애물, 위험을 식별한다. 냉소적인 의미에서의 부정적인 태도가 아닌 비판적이고 건설적인 태도를 갖는다. 이 단계의 목표는 계획의 위험과 문제를 발견하고 더 나은 계획을 만드는 것이다.

필요하다면 모든 단계를 반복할 수 있다. 위험과 이점이 명확하게 드러난 좋은 계획을 가지고 있다면, 모든 단계가 완료된 것으로 간주할 수 있다. 외부인 단계로 돌아가 그 계획이 외부인의 시각에서 어떻게 보일지 다시 검토할 수도 있다. 비평가들이 계획 자체는 좋게 받아들이면서도 심각한 이의를 제기했다면, 실현가로서 계획의 세부사항을 살필 수도 있다. 반대를 극복할 수 없다면 몽상가 단계로 돌아가 완전히 새로운 가능성을 만들어내는 방법도 있다.

이 방법이 6개의 생각 모자보다 사용하기 쉽다고 생각하는 사람들도 있다. 촉진자facilitator(집단에서 의사소통 돕기, 기존 체계를 연결하거나 강화하기, 자원을 전달하거나 개발하기 등으로 집단의 변화를 이끄는 사람-옮긴이)가 사람들이 매 단계에서 사고 스타일을 유지하도록 하

는 것이 중요하다. 디즈니 방식을 잘 운영한다면 재미있고 활기차
고 창의적인 회의를 할 수 있다. 이 방법으로 좋은 아이디어와 잘
고려된 프로젝트 계획을 얻을 수 있을 것이다.

Chapter 18

설득의 힘을 키워주는
3개의 단어

　자신의 생각을 다른 사람과 나누고, 그들에게 영향력을 행사해야 하는 상황에 처하는 경우가 종종 있다. 상대의 마음을 바꾸거나, 상대를 설득하거나, 동의를 얻고 싶을 때도 있다. 그런 경우에는 어떻게 해야 할까? 최선의 논거를 수집하고 반대 의견을 물리치면서 강요를 해야 할까? 더 좋은 방식, 더 현명한 방식, 수평적인 방식은 없을까?

　이런 상황에 접근하는 좋은 방법은 3개의 그리스어 단어를 사용하는 것이다. 이것은 효과가 입증된 고대의 개념으로, 내 경험에 따르면 대부분의 사람들이 3개의 단어 중 하나만을 사용한다. 하지만 3가지를 모두 사용하면 훨씬 더 효과적으로 상대를 설득할 수 있다. 3개의 단어는 에토스Ethos, 파토스Pathos, 로고스Logos다.

에토스는 가치와 지위, 권위와 신뢰를 의미하며, 윤리ethics라는 단어가 에토스에서 파생되었다. 파토스는 감정과 정서를 의미하며, 공감empathy과 동정sympathy이라는 단어가 파토스에서 유래했다. 로고스는 논리, 이성, 분석을 의미하는데, 통계, 연역, 추론과 같은 방법으로 사람들을 설득하려고 할 때 우리는 로고스를 사용하는 것이다.

어떻게 하면 3개의 그리스어 단어를 모두 사용해 효율성을 높일 수 있을까? 에토스부터 시작해보자. 다른 사람이 당신의 말에 귀를 기울여야 하는 이유는 무엇일까? 당신은 어떤 권위를 가지고 있을까? 컨퍼런스에서 강연자를 소개할 때는 그 사람의 업적과 자격에 대해 짧막하게 설명하곤 한다. 이것이 강연자의 에토스를 확립하는 과정이다. 청중들에게 강연자의 말에 귀를 기울이고 그 사람의 말을 믿어야 할 이유를 제공하는 것이다. 누군가를 처음 만나는 경우에, 즉 가급적이면 미팅 전에, 그게 아니라면 미팅 초반에 자신의 자격과 전문성을 확실히 드러내는 것이 좋다. 자랑하는 것처럼 들리지 않게 하는 것이 요령이다. 강연 전에 담당자에게 이메일을 보내면서 '저는 이 분야에서 7년간 일했고, ○○○ 프로젝트를 성공적으로 진행하는 데 일조했습니다'라고 말하거나 링크를 덧붙이면서 '제가 이 주제에 대해 발표한 이 논문을 읽어보시면 흥미를 느끼실 것 같습니다'라고 말할 수 있다. 목적은 회의 전에 어느 정도의 지위와 권위를 확보하는 것이다. 전문가라면 자신의 전문 지식을 보여주는 것이 중요하다.

파토스는 만나는 사람의 감정에 호소하는 것이다. 마틴 루터 킹 목사의 연설이나 버락 오바마 대통령의 선거 전 연설을 들어보면, 그들이 감정에 호소하는 데 집중하는 것을 알 수 있다. 그들은 더 나은 미래의 비전, 사람들이 희망과 자부심을 가질 수 있는 미래의 비전을 그린다. 이들의 연설은 사람들의 마음을 바꾸는 데 매우 효과적이었다. 일상에서, 특히 비즈니스를 위한 대화에서는 감정에 호소하는 것을 피하는 경향이 있다. 하지만 사람들의 감정은 강력한 힘이다. 자부심, 흥분, 이타심, 희망에 호소할 수 있다면 사람들이 변화하도록 영감을 줄 수 있다. 또한 두려움, 실망, 분노, 좌절과 같은 감정도 극복하게 할 수 있다.

세 번째, 로고스는 대부분의 사람들이 무척 많이 사용하는 단어다. 우리는 주장을 펼칠 때 사실, 합리적인 논거, 논리와 이성에 호소하면서 '이렇게 해야 하는 이유는 비용을 절감하고 매출을 높일 수 있기 때문입니다'라는 식으로 말한다. 이는 좋은 논거가 될 수 있다. 대의를 추진하기 위해서는 반드시 로고스가 필요하다. 하지만 우선 에토스를 통해 신뢰를 확보하고, 자부심을 가질 수 있고, 행복을 누릴 수 있는 더 나은 미래에 대한 그림을 제시하며 파토스에 호소한다면 설득 가능성은 훨씬 더 높아진다. 논리와 감성 모두를 이용해 설득한다면 효과는 두 배가 될 것이다. 다음 회의나 프레젠테이션에는 이 3가지 모두를 이용해보자.

Chapter 19

혁신적인 아이디어는
어디에서 비롯되는가?

전 세계 도시가 공통적으로 겪고 있는 문제가 있다. 저렴하고 질이 좋은 주택이 부족하다는 것이다. 파리와 암스테르담에 기반을 둔 디자인 회사인 컷워크스 컷워크스 스튜디오Cutworks Studio는 폴리블록PolyBlocs이라는 접근법을 개발했다. 이는 개별 블록으로 이루어진 모듈식 주거지로, 블록을 여러 방식으로 쌓아 다양한 크기와 형태의 주택을 만들 수 있다. 기본 구성요소는 선적 컨테이너 형태의 폴리룸PolyRoom이다. 폴리룸에는 다양한 창문과 문 배치 옵션 등이 있기 때문에 이를 유연하게 배치하여 여러 가지 공간으로 사용할 수 있다. 위쪽으로 접을 수 있는 침대, 수납장이 내장된 테이블, 소형 욕실 등도 갖추고 있으며, 무엇보다 레고 블록처럼 쌓을 수 있도록 설계되었다.

혁신적이면서도 파생적인 이런 아이디어는 어디서 비롯된 것일까? 우리가 저렴한 도시형 주택을 만들기 위해 브레인스토밍을 하고 있다고 상상해보자. 다음과 같이 다양한 방식으로 시작해볼 수 있다.

- **문제를 분석한다** 작업자들이 도심에 있는 현장에 새 건물을 건설하려면 시간이 많이 걸리고 비용도 많이 든다. 어떻게 하면 건설 시간을 최소화할 수 있을까? 다른 곳에서 건물을 지은 다음 현장에서 빠르게 조립하는 것이 가능할까? 어떻게 하면 조립 시간을 최소화할 수 있을까?

- **과거의 사례를 현대에 맞게 적용한다** 조립식 건물에 대해 생각해보자. 조립식 건물은 오랜 역사를 갖고 있다. 노르만족은 1160년 조립식 성을 건설한 바 있다! 이 오래된 아이디어를 업데이트해서 지속 가능하고 현대적인 니즈에 적합한 아이디어를 만들 수는 없을까?

- **다른 방식을 변형한다** 다른 종류의 주택, 즉 이동식 주택을 개조해본다. 이동식 주택에서 바퀴를 떼어내 쌓을 수 있는 유닛으로 바꾸면 어떨까?

- **다른 업계의 사례에서 아이디어를 얻는다** 운송업계에서는 어떻게 좁은 공간을 경제적으로 활용할까? 그들은 컨테이너를 사용한다. 컨테이너라는 아이디어를 주택에 적용할 수는 없을까?

- **게임을 이용해본다** 물건을 서로 맞추는 게임에는 어떤 것이 있을까?

레고를 건축과 비교해 생각해보고 어떻게 응용할 수 있을지 생각해본다.

- **구성요소나 절차를 재배열한다**   집을 지을 때는 기초와 벽채에서 시작해 순차적으로 문과 창문, 부대시설을 만들고, 마지막으로 침대와 욕실 가구를 만든다. 이 순서를 재배열해 동시에 모두 합칠 수는 없을까?

   혁신적인 아이디어를 얻을 수 있는 곳은 무수히 많고, 문제에 접근할 수 있는 방법도 다양하다. 스캠퍼 기법SCAMPER(창의력 증진 기법으로, 아이디어를 얻기 위해 의도적으로 시험할 수 있는 7가지 규칙인 대체Substitute, 결합Combine, 적용Adapt, 변경Modify, 다른 용도Put to other uses, 제거 Eliminate, 거꾸로Reverse 혹은 재배치Rearrange를 의미한다-옮긴이)이나 닮은꼴 문제 찾기(이 부분은 Chapter 24에서 설명할 것이다)와 같은 방법을 이용하여 브레인스토밍을 원활하게 진행한다면 다양한 많은 아이디어를 떠올릴 수 있을 것이다. 오늘날의 문제들을 해결하기 위해서는 많은 혁신적인 아이디어가 필요하다. 그리고 출발점이 다양할수록 좋은 아이디어가 나올 가능성은 높아진다.

Chapter 20

문제의 원인을 알려주는
여섯 명의 하인들

문제가 발생하면 당장 달려들어 해법을 내놓고 싶은 유혹이 든다. 경험이 많고, 능력이 뛰어나고, 더 강력한 힘을 가지고 있을수록, 바로 해법을 진행하고 싶은 유혹은 커진다. 그러나 문제에 대한 이해가 불완전하거나 완전히 잘못된 경우, 잘못된 문제를 해결하는 잘못된 해법을 내놓게 된다. 우리는 품질과 6시그마(100만 개의 제품 중 3~4개의 불량만을 허용하는 품질 혁신 운동-옮긴이) 방법에 대한 연구를 통해 근본 원인을 분석해 기본이 되는 문제를 더 깊이 이해하면 좋은 해법을 생각해낼 가능성이 더 높아진다는 것을 배웠다. 시중에는 문제의 근본 원인을 분석하는 방법을 다룬 수준 높은 책들이 많이 나와 있다. 여기에서는 문제의 근본 원인을 빠르게 확인하는 데 도움이 되는 간단한 방법을 살펴보자.

여섯 명의 하인은 12가지 다른 관점에서 문제를 진단하는 팀 활동으로, 혼자서 혹은 그룹에서 모두 사용할 수 있다. 12가지의 다른 관점을 취하도록 한다는 점에서 수평적 사고의 요소를 갖고 있다. 다음은 이 방법의 바탕이 된 러디어드 키플링Rudyard Kipling의 시다.

나에게는 여섯 명의 정직한 하인이 있네

(내가 아는 모든 것은 그들이 가르쳐준 것이지)

그들의 이름은 무엇, 왜, 언제,

어떻게, 어디서 그리고 누구라네

이 시에서 말한 여섯 명의 하인, 즉 6개의 의문사를 워크숍 도구라고 생각해보자. 각각 긍정적 시각과 부정적 시각에서 6개의 의문사를 이용하여 주어진 문제를 검토하는 것이다. 주어진 문제와 관련하여 6개의 의문사를 이용한 12개의 질문을 만든다. 종이 12장을 준비하여 12가지 질문 중 하나를 제목으로 적고, 팀을 소그룹으로 나눠 주어진 질문에 대한 여러 가지 답을 생각하도록 한다. '소매 부문의 고객 서비스를 어떻게 개선할 수 있을까?'라는 문제를 다룬다고 가정하면 다음과 같이 12개의 질문을 구성할 수 있다.

1. 좋은 고객 서비스란 무엇인가?

2. 나쁜 고객 서비스란 무엇인가?

3. 좋은 고객 서비스를 받는 이유는 무엇인가?

4. 나쁜 고객 서비스를 받는 이유는 무엇인가?

5. 고객 서비스가 좋을 때는 언제인가?

6. 고객 서비스가 나쁠 때는 언제인가?

7. 어떻게 하면 좋은 고객 서비스를 받는가?

8. 어떻게 하면 나쁜 고객 서비스를 받는가?

9. 고객 서비스가 좋은 곳은 어디인가?

10. 고객 서비스가 나쁜 곳은 어디인가?

11. 누가 좋은 고객 서비스를 제공하는가?

12. 누가 나쁜 고객 서비스를 제공하는가?

좋은 서비스와 나쁜 서비스에 대한 질문에 반복적으로 접근하고, 사람들이 새로운 답변과 인풋을 만들어내도록 함으로써 문제와 근본 원인에 대해 폭넓게 파악할 수 있다. 또한 종이에 적힌 아이디어들을 분석하고 우선순위를 정하고 결합시키면, 문제를 더 깊이 이해하고 그런 문제가 발생한 이유에 대한 통찰을 얻을 수 있다. 이런 아이디어들은 문제 해결을 위한 계획의 출발점이 된다.

우리는 회의를 할 때면 '왜 이런 문제가 발생했을까?', '어떻게 하면 좋을까?'라는 질문부터 하는 경향이 있다. 단순한 문제가 아닌 한 이런 질문은 시기상조다. 우선 문제에 대한 철저한 이해가 필요하며, 그러기 위해서는 12가지 질문을 통한 접근방식을 사용하는 것이 효과적이다. 각 질문을 문자 그대로 적용하는 것이 대단히 중요한데, 가령 '누가 좋은 서비스를 제공하는가?'라는 질문에 대해 다음과 같은 답이 나올 수 있다.

가구 부서의 조앤

경험이 많은 직원

시간이 있는 사람

의욕이 있는 사람

고객에게 관심이 있는 사람

'누가 나쁜 고객 서비스를 제공하는가?'라는 질문에 대해 다음과 같이 답할 수 있다.

신입사원 혹은 경험이 부족한 직원

너무 바쁜 사람

고객의 질문에 대한 답을 모르는 사람

영업사원이 쉬는 동안 업무를 대신하는 사무직 사원

'언제'에 관한 질문도 마찬가지다. 서비스가 좋거나 나쁜 특정 시간대, 요일 또는 상황을 확인해야 한다.

12개의 질문에 대한 여러 개의 답변을 수집한 후 통찰력이 있는 순서로 답변의 우선순위를 정하고 결과를 공유했다면, 이제 고객 서비스 개선 방안을 찾기 위한 브레인스토밍 준비가 잘 갖추어진 셈이다. 이처럼 여섯 명의 하인 방법을 통해 일상적인 아이디어부터 정말 창의적인 아이디어까지 다양한 아이디어를 도출할 수 있다.

Chapter 21

뇌를 활성화하는 게임들

생각하기를 즐기는 사람들은 지적 게임이 주는 도전과 자극을 좋아한다. 승리를 위해 머리를 쓰고 판단력을 발휘하는 데에서 스릴을 느끼며 그것을 위해 게임을 한다. 우리 주변에는 재미있게 즐길 수 있는 게임들이 많이 있다. 게임을 하고 삶을 조금은 장난스럽게 접근하는 것은 인생에 도움이 되기도 한다. 게임은 아이들이 삶의 필수 기술을 개발하는 데 도움을 주며, 아이들은 게임을 좋아한다. 성인들도 게임을 통해 그런 기술을 개발할 수 있지만, 대부분의 어른들은 게임을 유치한 시간 낭비라고 생각한다. 안타깝게도 이는 수평적 사고를 활성화할 수 있는 좋은 기회를 놓치는 태도다.

2022년 이스트런던대학교의 아동심리학자이자 신경과학자, 샘

와스Sam Wass는 놀이하는 아이들의 뇌를 연구하고 그 결과를 발표했다.[16] 어린아이의 뇌에는 성인보다 뉴런들 간의 연결이 많다. 다시 말해, 어린아이들의 뇌는 '엉망진창'이다. 놀이는 이를 정리하는 데 유용하다. 와스는 "게임을 통해 이전에는 연결되지 않았던 뇌의 부분들 사이에 연결이 형성되고, 그 과정이 반복된다. 이런 반복 과정을 통해 서로 다른 뇌 영역 간의 연결을 강화할 수 있다"라고 말한다.

이 보고서에서는 1940년대부터 스코틀랜드에서 아동의 행동 발달을 추적 연구해온 에든버러대학교의 심리학자 드류 앨트슐Drew Altschul의 연구를 인용했다. 나이가 들면서 사람들의 사고 능력이 어떻게 변화하는지에 대한 연구를 통해 앨트슐은 게임을 하는 것이 뇌 기능을 보존하는 데 도움이 될 수 있음을 보여준다며 다음과 같이 말했다. "게임을 더 많이 한 70세 노인은 그렇지 않은 사람보다 전반적인 사고 능력의 저하가 덜 급격하게 나타났다."

그렇다면 어떤 게임을 해야 할까? 두뇌를 사용하는 모든 게임이 유용하다. 하지만 여기에서는 상상력과 수평적 사고에 중점을 두고 몇 가지 게임을 소개하려고 한다. 다음은 내가 좋아하는 창의력 개발을 위한 게임들이다.

- **셔라즈**Charades**(단어 추측 게임)**　두 팀으로 나누어 그림이나 단어를 보고 말하지 않고 행동이나 몸짓으로 그 단어를 표현하면 같은 팀 선수

가 맞히는 게임으로, 당신의 조부모님도 해보셨을 만큼 전통 있는 게임이다. 장비는 필요 없지만 많은 상상력, 즉흥성, 수평적 사고가 필요하며, 아주 유쾌하게 할 수 있다.

- **픽셔너리**Pictionary**(그림 보고 단어 맞추기)** 셔라즈와 비슷하지만 그림이 추가된다. 유용한 단서를 전달하는 그림을 그리는 것이 관건이다.

- **암호 십자말 풀이** 좋은 암호 십자말 풀이 단서일수록 정교하고 교묘하다. 무슨 의미인지 알아내려면 온갖 기발한 방법으로 머리를 써야 한다.

- **수평 사고 퍼즐** 이상한 상황이 제시되기 때문에 많은 질문을 하고, 가정을 테스트하고, 다양한 방향에서 문제에 접근해야 한다. 장거리 자동차 여행을 떠나는 가족에게 좋다.

- **코드 네임**Code Names 두 팀으로 나누어 각 팀의 스파이 마스터가 주는 단서에 따라 보드에 있는 25장의 단어 카드 중 자기 팀 색상과 관련된 단어를 맞추는 게임. 네 명이 모였을 때 하기 좋은 게임이다. 단서에 대해서 생각해서 여러 단어를 영리하게 연결할 수 있는 능력을 테스트한다.

- **딩뱃**Dingbat 그림과 글자가 조합된 수수께끼로, 보고 있는 것이 나타내는 공통의 단어나 문구를 알아내야 한다. 생각나는 대로 단어나 문구를 추측하되 수평적 사고를 이용하여 고정관념에서 벗어나야 한다.

- **방 탈출** 한 방에서 다음 방으로 이동하기 위해서는 기발한 단서와 퍼즐을 풀어야 한다.

- **로리의 스토리 큐브**Rory's Story Cube 서로 다른 이미지의 9개의 주사위 세트가 무작위적인 자극을 만들어낸다. 스토리텔링의 다양한 시작점이 상상력에 불을 붙인다.

다음은 논리력, 추론 능력, 기억력을 키울 수 있는 게임이다.

- **체스** 게임의 왕이라 할 수 있다. 두 사람이 순전히 두뇌로만 싸운다. 전략, 전술, 절대적인 집중력의 이점을 배울 수 있다. 모든 가정에 체스판 하나쯤은 구비해두고, 모든 어린이가 체스를 배워야 한다는 것이 내 생각이다.
- **스도쿠** 집중력, 추론, 상세한 수치 분석을 훈련하는 데 좋다.
- **스크래블** 고전적인 단어 게임으로, 보드에서 사용 가능한 타일과 손에 들고 있는 글자 타일을 최대한 활용해야 한다. 노련한 플레이어는 놀라운 가능성을 볼 줄 알며, 모호하고 짧은 여러 단어들을 많이 알고 능숙하게 사용한다.
- **모노폴리** 피델 카스트로Fidel Castro가 쿠바에서 권력을 잡았을 때 자본주의의 모형으로 간주해 금지했던 게임이다. 운이 크게 작용하기는 하지만 적절한 자원에 집중하는 노련한 플레이어가 승리하는 경우가 많다. 거래 기술과 확률에 대해 가르쳐주는 게임이다.
- **브리지** 훌륭한 카드 게임이 많이 있지만 단연 최고는 브리지다. 카드의 입찰과 플레이는 전혀 다른 일련의 기술로, 카드 플레이에는 상당한

섬세함이 필요하다. 노련한 플레이어는 모든 카드를 기억하고 숨겨진 카드에 대한 거짓말을 빠르게 추론한다. 대부분의 플레이어는 브리지를 배우기 전에 휘스트whist(18세기와 19세기에 널리 행해진 영국의 고전 카드 게임–옮긴이)를 배운다.

- **클루도**Cluedo(미국의 클루Clue) 단서를 모아 누가 살인자인지 알아내는 게임으로, 가족들이 함께 즐기기에 좋다.

- **백개먼**backgammon 행운, 기술, 도박이 섞여 있는 좋은 게임으로, 두 명이 할 수 있다. 위험하거나 교활한 전략을 택하면 게임의 가치를 두 배로 높일 수 있다.

- **포커** 포커에서는 허세가 모든 것을 결정짓는다고 생각하는 사람들이 있지만, 이는 잘못된 생각이다. 포커는 상대의 마음을 읽어야 하는 매우 까다로운 지적 활동이다. 성공하려면 강철과 같은 멘탈과 확률에 대한 확실한 이해가 필요하다. 배우는 데 비용이 많이 들고 위험할 수 있지만 분명 인생 최고의 취미 중 하나다.

- **트리비얼 퍼수트**Trivial Pursuit 모든 퀴즈 게임의 모태라고 할 수 있는 게임으로, 일반적인 지식은 물론 퍼즐을 만드는 사람처럼 영리하게 생각하는 능력을 테스트할 수 있다.

- **비디오 게임과 앱** 재빨리 반응하는 순발력과 소근육을 발달시킬 수 있다. 어린이와 청소년이 특히 좋아하며 중독될 수 있다.

Chapter 22

수평적 사고를 키워주는 수수께끼

개는 하고 사람은 발을 들이미는 것은 무엇일까(What does a dog do that a man steps into)? 물론 이 수수께끼의 답은 우리가 흔히 생각하는 당연한 것이 아니다. 해답을 찾으려면 뻔한 것을 피하고, 개가 하고 사람이 발을 들이미는 다른 것을 찾아야 한다. 정답은 바지pants다. 'pants'는 명사로 '바지'라는 의미이지만, 동사로 '개가 헐떡거리다'라는 의미도 가지고 있다.

좋은 수수께끼에는 오답으로 끌어들이는 교활한 속임수가 있으며, 이런 수수께끼를 풀려면 수평적인 사고를 해야 한다. 다음은 내가 좋아하는 12가지 수수께끼이다. 몇 개나 맞힐 수 있는지 도전해보자.

1. 영국에서 보통의 벽돌집 한 채를 완성하는 데 벽돌이 몇 개나 필요할까?

2. 배관공이 가장 적게 먹는 달은?

3. 열 명이 벽을 쌓는 데 8시간이 걸렸다면 다섯 명이 벽을 쌓는 데 얼마나 걸릴까?

4. 중국인이 일본인보다 쌀을 더 많이 먹는 이유는 무엇일까?

5. 영국에 살고 있는 이슬람교도 벽돌공은 기독교로 개종하더라도 교회 땅에 묻힐 수 없다. 왜일까?

6. 맹장을 제거하는 일을 맹장 절제술이라고 하고 편도선을 제거하는 일을 편도선 절제술이라고 한다. 머리에서 자란 것을 제거하는 일은 뭐라고 부를까?

7. 미군은 왜 더 이상(no longer) 소총을 소지하지 않을까?

8. 아침에 절대 먹을 수없는 3가지는?

9. 금이 가지 않게 날달걀을 콘크리트 바닥에 떨어뜨리는 방법은?

10. 밤에 잠자리에 들기 전에 마지막으로 벗는(take 'off') 것은 무엇일까?

11. 1년에는 몇 초(second)가 있을까?

12. 무신론자가 교회에서 죽었다면 그의 관에 무엇을 올릴까(put on)?

해답은 311쪽에

시간을 가지고 충분히 생각해보라. 관심을 흩뜨리는 거짓 신호, 오해하게 만드는 함정, 교활한 술수를 조심해야 한다.

Chapter 23

효과적인 브레인스토밍을 위한 무작위 단어

나는 기업 고객들을 대상으로 창의적 사고 훈련을 한다. 참석자들이 기존의 사고방식을 버리도록 만드는 것은 쉽지 않은 일이다. 정통에서 벗어난 정말 창의적 아이디어를 끌어내고 싶을 때면 나는 종종 무작위 자극을 도입한다. 이를 시작하는 가장 쉬운 방법은 무작위 단어Random Word이다.

사전을 집어 들고 아무 명사나 선택하는 것이다. 백지 위에 그 단어를 적고 그 아래에 그 단어의 속성 5~6가지를 적는다. 이후 그 단어 또는 그 속성들과 해결해야 할 문제들 사이에 '억지스러운' 연결을 만든다. 그러면 온갖 종류의 새로운 연관성이 떠오르는 것을 발견하게 된다.

유능한 인재를 회사로 끌어들일 방법이 문제라고 가정해보자.

사전에서 무작위로 나온 단어는 유칼립투스다. 종이에 유칼립투스라고 쓰고 호주, 껌, 코알라 곰, 나뭇가지(branch), 약과 같은 몇 가지 속성이나 연관된 단어를 적는다. 이런 단어들에서 다음과 같은 아이디어를 끌어낼 수 있다.

- 오스트레일리아와 뉴질랜드 출신의 인재를 모집한다.
- 휴가를 내고 세계를 여행할 수 있는 기회를 제공한다.
- 신청하는 모든 사람에게 무료 껌을 제공한다.
- 체육관이나 클럽의 게시판에 구인 공고를 붙인다.
- 동물원에서 채용 세미나를 연다.
- 지원자에게 브랜드 곰 인형을 선물해 배려하는 기업임을 보여준다.
- 의료보험과 건강검진을 제공한다.
- 지역 병원을 돕는 홍보 이벤트를 진행한다.
- 회사에 입사하면 커리어가 어떻게 확장될 수 있는지(branch) 보여준다.

더 이상 아이디어가 나오지 않을 때까지 새로운 아이디어를 추가한 후, 사전에서 새로운 무작위 명사를 고른다. 브레인스토밍을 하는 데 효과적인 단어들이 있기는 하지만 실제로 브레인스토밍을 해보기 전까지는 어떤 단어가 효과적인지 알 수 없다. 내 경험에 따르면, 보통 물고기, 모퉁이, 막대기, 집과 같은 단순하고 구체적인 명사가 믿음, 슬픔과 같은 추상명사보다는 더 효과적이다. 하지만 어떤 단어가 선택되었든 시도해봐야 한다. 여러 개의 단어로 긴 아이디어 목록이 만들어지면 합의를 거친 몇 가지 기준에 따라 아이디어를 평가해 가장 좋은 것을 선택해 다듬는다.

무작위 단어와 같은 자극이 효과적인 이유는 무엇일까? 무작위 단어는 뇌가 새로운 출발점에서 시작하고, 새로운 방향에서 문제를 접근하도록 만들기 때문이다. 뇌는 게으른 기관이기 때문에 자극을 주어서 새로운 지점에서 시작하게 하지 않으면, 익숙한 패턴에 빠지고 항상 해오던 방식으로 문제를 해결한다. 하지만 뇌는 이질적인 대상들에 대한 '억지스러운' 연결에 능하기 때문에 낯선 자극을 주면 창의적인 연결을 찾아 반응한다.

무작위 사진, 사물, 노래, 산책을 사용해서도 브레인스토밍에 자극을 줄 수 있다. 무작위적인 사물의 사진들을 이용할 수도 있고, (이유를 말하지 않고) 사람들에게 특이하다고 생각되는 사물을 가져오라고 부탁할 수도 있다. 또한 도심이나 미술관 혹은 박물관 주변을 산책하고 본 것을 이야기해달라고 할 수도 있다. 이후 그것을 브레인스토밍의 시작점으로 삼는다.

이 방법은 여러 사람이 함께 할 때 효과가 좋지만 혼자서도 사용할 수 있다. 우선 도전 과제를 적은 뒤 사전을 들고 시작하면 된다. 시도해보라. 아마 결과에 놀라게 될 것이다.

Chapter 24

닮은꼴 문제로
생각의 방향을 바꿔라

어떻게 하면 브레인스토밍 회의를 위해 모인 사람들이 다르게 생각하도록 할 수 있을까? '닮은꼴Similes 문제 찾기'라는 견실한 수평적 사고 기법이 있다.

사람들을 모은 다음, 과제를 알려주고 모두에게 각자의 종이에 '우리의 문제는 _____ 다'라고 적도록 한다. 각자 주어진 과제와 유사한 닮은꼴 문제를 찾아서 문장을 완성하게 한다. 이 활동은 조용히 진행해서 서로의 아이디어에 영향을 받지 않도록 해야 한다. 중요한 것은 전혀 다른 분야에 존재하는 닮은꼴 문제를 찾는 것이다. 예를 들어 당신 사업 문제가 있다면, 전쟁, 스포츠, 엔터테인먼트, 교통, 역사, 정치, 교육, 건강, 연구, 음악 등의 분야에서 당신과 같은 문제를 겪은 사람은 없는지 물어볼 수 있다.

정확히 같은 문제를 찾을 필요는 없다. 닮은꼴은 정확한 유사성이 아닌 감정이기 때문이다. 닮은꼴 문제는 해법을 위한 실마리가 될 수 있다. 찾아낸 닮은꼴 문제들을 그룹의 사람들과 공유하고 백지에 적은 다음 논의를 통해 원래의 문제와 닮은꼴로 적합하다고 생각되는 것을 선택한다. 선택한 닮은꼴 문제에 대해 브레인스토밍을 해 그 문제에 대한 해법을 찾는다. 참가자들은 실제 그 상황에 처한 것처럼 생각해야 한다. 이후 아이디어들을 분석해 원래 문제에 적용할 수 있는 아이디어가 있는지 확인하고 적절한 해결책을 제시한다.

실례를 들어보자. 나는 신문사 광고 담당자들을 대상으로 워크숍을 진행한 적이 있다. 우리가 해결해야 할 과제 중 하나는 '어떻게 하면 결근을 줄일 수 있을까?'였다. 많은 텔레마케터들이 스트레스가 많은 업무로 자주 결근을 했다. 우리는 직원들에게 이런 결근 문제에 대한 닮은꼴을 찾아달라고 부탁했다. 다음은 이 문제와 비슷하다고 한 닮은꼴 문제들이다.

- 아이에게 양치질 시키기
- 강의에 참석하도록 학부생들을 설득하기
- 다이어트 지속하기
- 직장인 축구팀이 토요일에 경기에 모두 참여하도록 하기
- 십대들에게 방 청소 시키기

- 운전자들이 속도 제한을 준수하게 하기

어떤 그룹은 축구팀에서의 닮은꼴 문제를 선택하고 그 상황에 대해 브레인스토밍을 했다. 어떻게 하면 축구팀 전원이 경기에 나오게 할 수 있을까? 우리가 생각해낸 아이디어 중 몇 가지는 또래의 압력과 관련된 것이었다. 그런 다음 각 아이디어를 원래의 문제인 신문 광고 영업소에 적용할 수 있는지 확인했다. 우리는 매달 결근자 명단을 공개하고 개근한 그룹에 보너스를 지급하기로 결정했다. 그러자 동료들의 압력으로 결근율이 상당히 떨어졌다.

이 방법의 핵심은 좋은 닮은꼴 문제를 찾는 것이다. 그룹이 제안한 모든 닮은꼴 문제 중에서 좋은 닮은꼴이 하나만 있으면 된다. 물론 시간이 있다면 2개 이상의 닮은꼴 문제를 사용해 브레인스토밍을 하고 상황에 맞게 전환시키는 것이 더 좋다. 각각의 닮은꼴 문제들은 서로 다른 개인적인 경험을 바탕으로 하기 때문에 다양한 관점에서 브레인스토밍을 해서 완전히 새로운 아이디어를 도출하는 데 도움이 된다.

Chapter 25

주사위로 만들어낸
창의적인 조합들

수평적 사고의 핵심적 요소는 우연을 이용하는 것이다. 의도적으로 우연을 창의적 사고에 도입할 방법은 없을까? 사전에서 무작위로 찾아낸 단어를 이용한 브레인스토밍은 우연을 이용하는 매우 효과적인 방법이다. 또 다른 브레인스토밍 방법은 주사위 던지기다.

이 방법은 4~6명으로 이루어진 그룹에서 진행할 때 효과가 좋으며, 아이디어와 설정의 특이한(그리고 조금은 '억지스러운') 조합을 만드는 데 유용하다. 인원이 더 많으면 소그룹을 만들어 각 그룹에서 활동을 진행한 다음 경쟁을 할 수도 있다. 필요한 장비는 백지와 주사위뿐이다.

과제에 필요한 서너 가지 특성을 정하고 각 특성에 6개의 선택지가 있는 목록을 만든다. 예를 들어, 새로운 TV 드라마를 만들고 싶다면, 아래와 같이 특성과 선택지를 정리할 수 있다.

	주연	조연	범죄	배경
1	탐정	부랑자	살인	병원
2	정치인	우체부	강도	학교
3	성직자	점원	협박	TV 방송국
4	회사 CEO	십대	납치	축구팀
5	의사	기자	사기	레스토랑
6	교사	유리창 청소부	밀수	극장

이후 주사위를 네 번 던져서 4, 4, 2, 6이 나왔다면, CEO와 십대가 극장에서 강도 사건에 휘말린 내용으로 TV 프로그램 기획안을 구상하는 것이다. 주인공의 성별은 동전을 던져 결정한다.

팀은 10분 동안 이것을 어떻게 이용할 수 있을지 토론한다. 이후 주사위를 다시 굴려서 다른 조합을 얻고 어떤 것을 만들 수 있는지 알아본다. 가능한 조합은 무려 1,296가지다! 서너 번의 시도로 가장 유망한 아이디어를 선정하고 계획을 세운 뒤, 다른 팀과 평가자를 상대로 발표한다.

이 방법은 새로운 제품이나 서비스를 개발하거나, 마케팅 계획을 세우는 데 상당히 효과적이며, 정상적으로는 고려하지 않았을 조합을 검토하게 만든다. 처음에는 그리 끌리지 않던 조합이 흥미로운 제안으로 발전하는 데 놀라게 될 것이다.

Chapter 26

수평적 사고 퍼즐

수평 사고 퍼즐은 두뇌 운동 게임의 한 형태다. 다음의 퍼즐들은 실생활에서 가져온 이상한 상황들이 대부분인데, 주어진 제한된 양의 정보로 무슨 일이 일어나고 있는지 알아내야 한다. 각 퍼즐에는 완벽한 설명이 존재하며, 그것을 찾아야 한다. 퍼즐은 한 사람이 읽으면서 풀 수 있도록 설계된 것이 아니기 때문에 둘 이상의 사람이 게임처럼 접근할 때 가장 큰 효과를 낸다. 한 사람이 '예' 혹은 '아니오'로 답할 수 있는 질문을 하고, 답을 알고 있는 사람은 '예', '아니오', '답 없음' 중 하나로 답을 한다. 이 퍼즐은 가정을 확인하고, 좋은 질문을 하고, 다른 각도에서 문제에 접근할 수 있는 능력을 테스트한다. 다양한 정보를 조합하고, 논리적, 수평적으로 사고해야 한다. 퍼즐을 풀지 못하면 좌절감을 느끼겠지만 그

것도 과정의 일부이며, 그런 부분 역시 즐길 수 있을 것이다. 답은 311쪽에서 확인할 수 있다.

전방의 산

당신은 1마일 상공의 소형 비행기에 앉아 있다. 바로 앞에 거대한 산이 보인다. 당신 옆의 조종사는 속도, 방향, 고도를 변경하지 않지만 당신은 살아남는다. 왜일까?

열쇠

여자는 매일 밤 잠자리에 들기 전에 집의 모든 문을 꼼꼼히 잠갔다. 다음으로 그녀는 현관문 열쇠를 찬물이 담긴 통 안에 넣었다. 아침에 그녀는 양동이에서 열쇠를 꺼내 문을 열었다. 그녀는 왜 열쇠를 물속에 넣었을까?

손상된 자동차

한 남자가 아름답고 값비싼 메르세데스 스포츠카를 갖고 있었다. 어느 날 그는 한 주차타워로 차를 몰고 가서, 창문을 부수고 문을 긁고 라디오를 뜯어냈다. 왜일까?

담요 미스터리

한 남자가 담요를 들고 언덕을 걸어 올라갔다. 이 때문에 100명이 사망했다. 그 이유는 무엇일까?

7년간의 안달

한 여성이 마당을 파다가 돈과 보석으로 가득 찬 커다란 금속 상자를 찾아냈다. 7년 동안 그녀는 그 돈을 한 푼도 쓰지 않았고 자신이 그 상자를 찾은 사실을 아무에게도 말하지 않았다. 이후 갑자기 새 집과 새 차, 모피 코트를 샀다. 왜일까?

모래 속의 메르세데스

한 남자가 새 메르세데스 벤츠 자동차 15대에 기름을 잔뜩 바른 뒤 비닐로 감싸 사막에 묻었다? 이유는 무엇일까?(이 퍼즐은 폴 슬론Paul Sloane과 데스 맥헤일Des MacHale의 『위대한 수평적 사고 퍼즐Great Lateral Thinking Puzzle』에서 가져온 것이다.[17])

Chapter 27

많은 아이디어에서
뛰어난 아이디어가 나온다

라이너스 폴링Linus Pauling은 각기 다른 분야에서 노벨상을 두 번이나 수상한 뛰어난 과학자다. 그는 "좋은 아이디어를 얻는 방법은 많은 아이디어를 생각해내고 나쁜 아이디어는 버리는 것"이라고 말했다.

대부분의 관리자는 결단력 있는 모습을 보여주고자 한다. 그들은 문제를 해결하기 위한 아이디어를 빠르게 떠올리려고 한다. (언제나 그런 건 아니지만) 보통 무언가를 하는 것이 아무것도 하지 않는 것보다 나은 선택이다. 하지만 처음으로 생각해낸 것이 최선의 답일 가능성은 낮다.

시간을 들여 가능한 아이디어의 목록을 만들고 난 후 평가를 통해 시도해볼 하나 혹은 그 이상의 아이디어를 선택하는 것이 더 나은 방법이다. 첫 번째 아이디어는 가장 명백하고, 가장 직접적인 해결책인 경우가 많다. 하지만 그것이 최선의 대응인 경우는 드물다. 문제를 숙고하고 가능한 해법을 더 많이 생각하는 과정을 거쳐야만, 전형적이고 일상적이며 자동적인 선택으로부터 차츰 멀어지고 결국 창의적이고 급진적이며 더 나은 방법을 생각해낼 수 있다.

서구 교육 시스템이 가진 문제 중 하나는 대부분의 문제에 정답이 하나라고 가르친다는 것이다. 객관식 문제로 이루어진 시험은 학생들에게 정답을 선택하고 오답을 피하도록 강요한다. 학교를 졸업한 후에는 또 다시 '정답'을 찾으면 문제를 해결한 것이라고 말하는 시스템 속에 들어가게 된다. 하지만 현실은 그렇지 않다. 우리가 마주하는 대부분의 문제에는 여러 가지 해법이 존재한다. 우리는 학교에서 배웠던 접근방식을 잊고 항상 더 나은, 더 많은 답을 찾는 태도를 취해야 한다.

정말 창의적인 해법을 찾기 위해서는 우선 많은 아이디어를 생각해낸 후 테스트해볼 몇 가지로 압축해야 한다. 조직을 더욱 혁신적으로 만들려면 더 많은 아이디어를 생각해내야 한다. 왜 더 많은 아이디어가 필요할까? 아이디어를 만들 때는 명백하고 쉬운 답부터 나오기 때문이다. 점점 더 많은 아이디어를 만들어낼수록 더 엉뚱하고, 더 창의적이고, 더 이상한 아이디어, 즉 정말 급진적인 해법으로 이어질 수 있는 아이디어가 나올 수 있다.

세계적인 경영 전략가인 게리 하멜Gary Hamel은 '기업의 정자 수'에 대해 이야기한다. 이는 기업이 얼마나 많은 아이디어를 만들 수 있는지를 측정하는 정력 테스트다.[18] 많은 관리자들이 아이디어가 지나치게 많으면 관리가 어려울 것이라고 걱정한다. 하지만, 최고의 혁신 기업들은 수없이 많은 아이디어를 한껏 즐기고 있다.

BMW는 전 세계 사람들의 제안을 수렴하는 가상 혁신 기관 Virtual Innovation Agency, VIA을 출범시켰고, 그 첫 주에 4,000개의 아이디어를 받았다. 도요타의 사내 제안 제도를 통해 만들어지는 아이디어는 연간 약 200만 개나 된다. 더욱 놀라운 사실은 그 제안의 90퍼센트 이상이 실행된다는 점이다. 질보다 양이다!

토머스 에디슨은 대단히 많은 실험을 했다. 전등 개발에는 9,000번 이상의 실험이 필요했고, 축전지를 개발하기까지는 약 5만 번의 실험을 해야 했다. 지금도 에디슨의 이름으로 1,090건이 넘는 특허가 남아 있어 그는 여전히 최다 특허 기록을 지키고 있다. 사망한 후에는 그의 아이디어와 메모가 가득한 3,500권의 노트가 발견되기도 했다. 이렇게 엄청난 양의 아이디어를 생각해냈기에 그렇게 많은 혁신이 가능했던 것이다. 피카소는 2만 점이 넘는 작품을 그렸고, 바흐는 일주일에 적어도 한 곡을 작곡했다. 위대한 천재들은 질뿐만 아니라 양에서도 앞서갔다. 때로는 많은 것을 만들어야만 위대한 것을 만들 수 있다.

브레인스토밍을 비롯한 창의적 방법을 사용할 때 처음 20개,

처음 100개에서는 최고의 아이디어가 나오지 않을 수도 있다. 많은 아이디어를 생각해낸다고 해서 그 질이 떨어지는 것은 아니다. 오히려 나중에 떠오른 아이디어가 더 급진적이고, 거기에서 진정으로 수평적인 해법이 도출되는 경우가 많다.

PART 4

수평적 사고를 위한 조언

**Lateral
Thinking for
Every Day**

Chapter 28

습관적 사고에서
벗어나는 방법

우리는 가정假定과 관습의 틀 안에서 생각한다. 또한 편하게 느끼는 패턴과 방식에 따라 생각하며 세상에 대한 자신의 관점을 강화해나간다. 그런 우리가 다른 방식으로 생각할 수밖에 없도록 만들 방법은 없을까? 다음은 다른 방식으로 생각하기 위한 몇 가지 제안으로, 이 책에서 더 자세히 다루고 있는 내용들도 포함되어 있다.

1. 우선, 우리 모두가 세상에 대한 관점을 규정짓는 틀 안에서 살고 있다는 것을 인식한다. 우리는 스스로 만든 가정에 의해 제약을 받는다.

2. 호기심과 열린 마음을 유지한다. 모든 상황에 대해 많은 질문을 하고 다양한 관점으로 수용적인 태도를 갖는다.

3. 기본 규칙과 가정을 열거해본 다음, 각각의 내용에 대해 '만약 그 반대가 사실이라면?'이라는 질문을 던진다. 어떤 규칙을 볼 때마다 '이 규칙이 깨진다면?'이라는 질문을 한다.

4. 닮은꼴 문제나 무작위 단어 등 수평적 사고 기법을 사용해 엉뚱하고 터무니없는 아이디어들을 브레인스토밍 한다.

5. 전혀 관련이 없는 외부인과 상황에 대해 논의한다. 예를 들어, 군인, 어린이, 성직자, 의사, 자동차 정비사, 화가, 코미디언, 음악가, 범죄자, 형사에게 질문을 한다. 그들이 어떻게 다른 유형의 질문을 하는지에 주의를 기울인다.

6. 의식적으로 정기 간행물을 찾아 읽고 자신의 관점과 다른 시각의 웹 사이트를 방문해 다양한 시각에 대해 파악한다.

7. 어떤 이론과 모델이든 그대로 받아들이지 않는다. 새로운 아이디어를 실제로 작은 규모로 실험해보면서 경험적 결과를 더 신뢰한다.

8. 다른 나라 혹은 다른 문화권의 사람들이 주어진 상황을 어떻게 바라보는지 알아본다.

9. 자신을 비판하거나 자신의 의견에 동의하지 않는 사람을 무시하거나 거부하지 않는다. 스스로에게 '그들이 하는 말에도 가치 있는 것이 있을지 모른다'라고 말한다.

10. 평소라면 어울리지 않을 만한 사람들과 어울린다. 나와는 다른 성장 배경과 태도를 가진 사람들과 어울리면서 그들의 의견을 묻는다.

11. 관련이 없는 분야의 강좌에 등록한다. 관심은 있지만 지금 자신이 가

지고 있는 기술과는 거리가 있는 분야의 온/오프라인 강좌를 듣는다.

12. 박물관, 미술관, 도서관을 방문한다.

13. 자막이 있는 외국어 영화를 보면서 다른 문화에 몰입해본다.

14. 무작위를 일상에 적용해본다. 매일 무작위로 위키피디아의 한 항목을 읽어본다. 도서관이나 중고 서점에서 논픽션 책을 무작위로 골라서 읽는다.

15. 같은 곳으로 휴가를 가지 않고, 평소에 가보지 못한 나라나 환경을 찾아 간다.

Chapter 29

직장에서 더 즉흥적으로
일하는 방법

우리는 삶을 계획하고, 할 일의 목록을 만들고, 부지런히 일하고, 일정을 정리하고, 건전하고 합리적인 방법으로 일을 처리해야한다고 배우면서 성장했다. 하지만 그 반대로 즉흥적인 것이 더나을 때도 있지 않을까?

오하이오대학교의 연구원 토니에토Tonietto 와 맬콕Malkoc 은 2016년 여가활동에 대한 연구를 통해[19] 계획적으로 여가를 보내는 것이 (즉흥적으로 경험하는 것에 비해) 자연스럽게 흘러간다는 느낌이 덜 하고 보다 일처럼 느껴진다는 사실을 발견했다. 그들의 연구에 따르면, 일정 관리는 경험에 대한 기대와 즐거움을 감소시킨다. 또한 (사전에 시간을 정하지 않고) '대략적인 계획'을 통해 활동의 자유로운 흐름을 유지하는 것이 훨씬 낫다는 사실도 밝혀졌다.

즉흥성은 재미만 더하는 것이 아니라, 더 많은 창의성과 혁신으로 이어진다. 휴식시간이 없이 업무나 회의가 지속되는 근무 환경에서는 신선한 아이디어와 실험을 위한 시간을 거의 또는 전혀 낼 수 없다. 재택근무로 이런 경향이 더욱 심화되면서 사무실에서 일상적인 대화를 나누고 예기치 않은 발견을 할 수 있는 기회가 완전히 사라져버렸다.

어떻게 하면 직장에서 즉흥성과 창의성을 강화할 수 있을까? 다음에 소개하는 몇 가지 방법을 살펴보고 실천해보자.

- **의제가 없는 회의를 한다** 대부분의 정기 회의에는 의제가 정해져 있어서 다른 문제를 다룰 시간이 거의 없다. 가끔은 의제 없는 회의를 시도해보자. 무엇이든 사람들이 원하는 주제에 대해 이야기를 나누는 것이다. '좋았던 일이나 예상치 못한 일에 대해 이야기해주세요'라는 말로 논의를 촉진할 수 있다.
- **부서 간의 소통을 강화한다** 다른 부서의 직원과 커피나 점심을 먹으며 대화를 나누고 회사의 다른 부분에서 무슨 일이 일어나고 있는지 파악하는 일을 권장하라.
- **실정을 파악한다** 상급자 팀의 각 구성원에게 최신 제품 혹은 서비스를 경험한 각기 다른 (예를 들어) 여섯 명의 고객 목록을 나눠준다. 그중 네 명 이상의 고객과 연락해 고객의 경험에 대한 이야기를 듣고 개선할 사항이 있는지 묻는다. 이후 고객과의 대화에서 배운 점을 공유한다.

이는 혁신을 위한 중요한 통찰과 아이디어로 이어질 수 있다.

- **무작위 점심식사를 한다** 부문별 최고 책임자는 한 달에 한 번 다른 부서에서 무작위로 선정된 사람들과 점심식사를 한다. 경영진은 의제가 없는 편안한 분위기에서 회사의 밑바닥에서 실제 일어나는 일에 대한 뼈아픈 이야기를 들을 수 있다.

- **부서별 경계가 없는 사교 행사를 연다** 하루 일과가 끝난 뒤 친목 모임에서 정말 좋은 아이디어를 생각해내는 경우가 많다. 따라서 퇴근 후 스포츠 이벤트, 퀴즈 또는 사교 활동을 통해 여유롭게 어울리는 시간을 장려한다.

- **무작위로 타 부서의 직원과 교류한다** 규모가 큰 조직이라면 무작위로 멀리 떨어져 있는 부서의 사람들을 친구로 맺어준다. 친구는 관리자가 선택하는 것이 아니라 생일이나 주민등록번호를 사용해 무작위로 배정한다. 친구들은 서로 만나 경험을 공유하고 아이디어를 교환한다.

사람들에게는 자신에게 편안한 구역에서 자신의 과제에만 매달리려는 경향이 있다. 어느 정도까지는 문제가 없지만 이런 상황이 지속된다면 창의성과 좋은 아이디어로 이어지는 부담 없는 상호작용에는 한계가 따를 수밖에 없다. 때때로 정해진 일과에서 벗어나 즉흥적인 시도를 하는 것이 이런 상황을 해결하는 데 도움이 된다. 재미를 얻기 위한 활동을 장려하고, 무계획을 계획해보자. 시간을 내서 즉흥적인 것을 시도하고 충동에 따라 행동해보자.

Chapter 30

논리가 아닌
감정으로 대응하라

우리는 세상이 이성적인 곳이라고 생각하기 때문에 합리적, 논리적, 이성적인 방식으로 세상에 접근하려 한다. 우리는 비즈니스에서 분석적인 태도를 갖도록 훈련을 받고, 데이터, 목표, 백분율, 시장 점유율 등을 중요하게 생각한다. MBA 학생들은 상세한 스프레드시트를 가지고 사례를 분석한다. 대부분의 사람들도 척도와 숫자를 중심으로 문제를 구성하여 다음과 같은 질문을 한다.

- 어떻게 하면 매출을 10퍼센트 늘릴 수 있을까?
- 어떻게 하면 표적 시장에서 브랜드 인지도를 두 배로 높일 수 있을까?
- 어떻게 하면 신제품 개발 시간을 10개월에서 6개월로 줄일 수 있을까?

- 어떻게 하면 직장 내 생산성을 향상시킬 수 있을까?
- 어떻게 하면 주요 기술 인력의 자연감소율을 줄일 수 있을까?

모두 분석적이고 사실적인 관점에서 출발해 분석적인 사고와 아이디어를 창출하는 좋은 질문들이다. 하지만 우리는 직원들과 고객들이 사람이라는 것을, 사람들은 숫자가 아닌 감정에 의해 움직인다는 것을 기억해야 한다. 그렇기 때문에 유익한 접근법은 논리를 감정으로 대체하여 각각의 질문을 재구성하는 것이다. 그러면 다음과 같은 질문을 던질 수 있다.

- 어떻게 하면 우리의 제품과 서비스로 고객을 더욱 행복하게 만들 수 있을까?
- 어떻게 하면 사람들이 우리 브랜드 이름을 들을 때 미소를 짓게 할 수 있을까?
- 어떻게 하면 신제품 승인과 진행 지연으로 사람들이 느끼는 불만을 줄일 수 있을까?
- 어떻게 하면 직장에서 사람들을 짜증나고 귀찮게 하는 것들을 없앨 수 있을까?
- 어떻게 하면 기술자들이 우리 회사에서 일하는 것을 자랑스럽고 행복하게 여길 수 있을까?

이처럼 좀 더 개인적인고 감성적인 부분에서 접근할 때 더 많은 다양한 아이디어를 찾을 수 있다. 고객이나 직원들이 우리를 통해 즐거움을 느끼거나 우리를 자랑스럽게 느끼도록 할 수 있는 일이라면 그 어떤 일이든 탐구할 가치가 있다. 고객이나 직원들로 하여금 분노, 불만, 실망, 슬픔을 느끼지 않도록 하는 것이라면 어떤 아이디어든 탐구할 가치가 있다.

다음 경영진 회의 때는 여느 때와 달리 데이터와 논리가 아닌 느낌과 감정에 초점을 맞춰 앞에서 제시한 질문을 사용해보자. 이 방법이 새로운 방식으로 생각하게 해줄 것이고, 이는 참신하고 생산적인 아이디어로 이어질 것이다.

삶의 다른 부분에서도 같은 원칙이 적용된다. 알다시피, 자녀에게 채소를 먹이거나, 관리가 더 쉬운 집으로 이사하도록 할머니를 설득하거나, 친구가 더 건강한 라이프스타일을 선택하도록 하고 싶은 경우에 논리적 주장은 거의 설득력이 없다. 그보다는 그들의 감정과 정서에 대해 수평적으로 생각해야 한다. 그들이 느끼는 감정에 대해 질문하고 비슷한 상황에 처한 사람들의 이야기를 들려주자. 그리고 상대방의 감정과 열정에 호소할 수 있는 선택지들을 생각해보자.

Chapter 31

나는 얼마나
개방적인 사람인가?

다음의 질문을 통해 자신이 얼마나 개방적인 사람인지 알아
보자.

대부분의 사람들은 자신은 개방적이고 새로운 아이디어에 대
해 수용적이라고 생각한다. 한 친구가 장난삼아 이렇게 말한 적이
있다. "나는 내가 무척 개방적이라고 생각해. 아무도 그렇지 않다
고 나를 설득하지 못할 걸!" 이처럼 우리는 스스로가 관대하고 공
정하다고 확신한다. 옹졸하고 시야가 좁고 편협한 것은 나와는 상
관없는 남의 이야기다. 하지만 사실 우리는 세상에 대한 자신만의
견고한 생각을 가지고 있고, 자신의 생각에 방해가 되는 개념을
무의식적으로 거부하며, 쉽게 틀에 박힌 생각에 빠져버린다.

다음의 간단한 질문을 통해 당신의 개방성이 어느 정도인지

알아보자. '예' 또는 '아니오'로만 답할 수 있는 10개의 질문이다.

1. 지난 12개월 동안 어떤 중요한 주제에 대한 마음을 바꾼 적이 있는
   가? 어디로 갈지 또는 무엇을 먹을지와 같은 사소한 결정은 중요치
   않다. 당신은 어떤 큰 정치적, 도덕적, 사회적인 문제에 대한 입장이
   바뀌었는가?

   ☐ 예   ☐ 아니오

2. 자신과 민족적 배경이 다른 가까운 친구가 한 명 이상 있는가?

   ☐ 예   ☐ 아니오

3. 비판과 변화를 받아들일 수 있는가(예), 아니면 반발하는가(아니오)?

   ☐ 예   ☐ 아니오

4. 지난 한 해 동안 외국어 영화를 본 적이 있는가?

   ☐ 예   ☐ 아니오

5. 지난 12개월 동안 새로운 좋은 친구를 사귀었는가?

   ☐ 예   ☐ 아니오

6. 다양한 신문과 잡지를 읽어보는가(예), 아니면 두세 개의 같은 것들만
   읽는가(아니오)? (신문을 읽지 않는다면 '아니오'로 답한다.)

   ☐ 예   ☐ 아니오

7. 대화할 때 보통 듣는 것을 선호하는가(예), 아니면 말하는 것을 선호하
   는가(아니오)?

   ☐ 예   ☐ 아니오

8. 매년 휴가 때마다 새로운 장소를 시도하는가(예), 아니면 보통 이전과 같은 장소에 가는가(아니오)?

☐ 예   ☐ 아니오

9. 결정을 내릴 때 숙고하고 의심하는가(예), 아니면 단호하게 자신의 선택에 확신을 가지는가(아니오)?

☐ 예   ☐ 아니오

10. 뉴스와 정보를 얻기 위해 여러 웹사이트에 방문해보는가(예), 소셜 미디어와 뉴스 웹사이트의 짧은 제목만을 읽는가(아니오)?

☐ 예   ☐ 아니오

'예'는 1점, '아니오'는 0점으로 총점을 계산한다. 점수에 따른 개방성의 정도는 다음과 같다.

0-3점: 틀에 박혀 있어 신선한 사고가 필요하다!

4-6점: 다소 개방적이다

7-10점: 새로운 사고를 기꺼이 수용한다.

Chapter 32

꽉 막혔을 때 해야 할 일 10가지

누구나 꽉 막혀서 오도 가도 못 하는 때가 있다. 심지어 수평적 사고를 하는 사람도 마찬가지다. 쓰기 시작했던 책의 집필을 멈추었을 수도 있고, 중요한 사업에 진전이 없을 수도 있고, 해야 하는 일을 계속 미루고 있을 수도 있고, 팀 프로젝트에 진척이 없을 수도 있고, 추진력을 잃어서 다시 불을 붙이기가 어려울 수도 있다. 그런 경우에는 어떻게 해야 할까? 다음은 꽉 막혀 있는 상황에서 다시 일을 진행하기 위한 10단계 계획이다.

장애물을 확인한다

정체 상태에 빠진 주된 이유를 적어보자. '다른 일로 너무 바빠서' 같은 것은 답이 될 수 없다. 해야 하는 일을 우선하지 못한 진짜 이유를 찾아야 한다. 일을 미루고 있는 이유가 무엇인가? 열의가 식은 이유는 무엇인가? 유형 또는 무형의 장애가 있는가? 장애물을 명확히 파악하면 그것을 극복할 방법을 찾기가 더 쉬워진다.

목표를 재규정한다

기본으로 돌아가라. 지금 자신이 달성하고자 하는 목표는 무엇인가? 어떤 문제를 누구를 위해 해결하려고 하는가? 이 문제를 해결할 때 돌아오는 이익은 무엇인가? 이 프로젝트를 시작한 데에는 그럴 만한 이유가 있다. 그 이유는 무엇이었나? 그 이유는 여전히 유효한가? 그 이유가 더 이상 중요하지 않다면 작업을 완전히 중단해야 할 수도 있다. 이유가 여전히 중요다면 자신과 팀(있는 경우)에게 그 점을 분명히 밝혀야 한다. 이 프로젝트의 이유와 그것이 가져다줄 이점을 명확하게 표현함으로써 스스로에게 다시금 동기를 부여해보자.

가정을 확인한다

기술, 고객, 시장, 니즈 등에 대해 우리는 어떤 가정을 하고 있는가? 그 가정이 틀리다면 어떻게 되는 걸까? 목표를 달성할 수 있는 더 좋고, 더 간단하고, 더 빠른 방법은 없는가? 이 질문에 대해 브레인스토밍을 해보자.

정반대로 생각한다

가정에 이의를 제기하는 것에서 더 나아가 정반대의 가정을 하는 것은 어떤가? 비용이 많이 드는 복잡한 해법 대신 돈이 들지 않는 간단한 해법을 생각해보자. 위키피디아, 우버, 에어비앤비는 모두 기존의 가정을 뒤집은 사례들이다.

닮은꼴 문제를 찾는다

다른 분야에서 비슷한 문제에 직면했던 사람은 없는가? 주어진 문제와 닮은꼴을 찾고 다른 사람이 비슷한 문제에 직면했을 때 사용한 방법을 모방할 수는 없는지 확인하라.

초능력을 가지고 있다고 가정한다

우리는 어떤 문제에 봉착해 있다. 이 문제를 쉽게 해결할 수 있는 사람은 없을까? 그 사람이라면 어떻게 할까? 제프 베조스, 일론 머스크, 오프라 윈프리, 리처드 브랜슨이라면 이 문제를 어떻게 해결할까? 좋아하는 역사적 인물이나 가상의 영웅, 영화 속 히어로를 떠올리고 그들의 자질을 생각하면서 새로운 방향에서 문제에 접근해보자.

주요 요소에 변화를 준다

기존 계획의 주요 부분을 변경하는 것은 어떤가? 웹사이트를 만들고 있다면, 대신 앱을 만드는 것은 어떨까? 블로그를 만들고 있다면, 대신 팟캐스트를 만드는 것은 어떨까? 전달 메커니즘, 매체, 기술 등 중요한 구성요소에 변화를 주어서 장애를 극복할 수는 없는지 생각해보자.

도움을 요청한다

도움을 요청할 만한 사람이 있는가? 도움을 청하는 것이 약하고 자신감이 없는 사람으로 보이게 만든다고 생각해 주저하는 경우가 많다. 하지만 도움을 청하는 것이 가장 현명한 방법인 경우가 많다. 나보다 경험이 많거나, 나은 기술을 갖고 있거나, 인맥이 두텁거나, 똑똑한 사람에게 연락을 취할 수 있는지 생각해보자. 전화기를 들고 그 사람에게 연락해 도움을 청해보라. 기꺼이 도와줄 것이다.

중요한 자원을 확보한다

예산이 무제한이라면 어떤 일을 할 수 있을까? 지금 일을 진행하기 위해 가장 중요한 자원을 하나만 꼽는다면 그것은 무엇일까? 그 도구를 확인하고 확보하라.

처음부터 다시 시작한다

이 프로젝트에 이미 시간, 돈, 노력을 투자했을 것이다. 그것을 생각하지 않고 처음부터 다시 시작한다면 어떤 것을 다르게 할 수 있을지 생각해보자. 다른 재료를, 다른 방법을, 다른 팀원을 쓸까? 이처럼 백지 상태에서 다시 시작한다면 어떻게 할 것인지 생각해보는 것은 바꿔야만 하는 사항을 확인하는 강력한 방법이 될 수 있다.

이런 접근법들을 시도해보면 곧 다시 일을 진전시킬 수 있게 될 것이다.

Chapter 33

효과적인 설득을 위한
4가지 표현

설득력을 더 키우고 싶은가? 어떻게 하면 사람들이 나를 좋아하고, 나를 존중하고, 나의 제안에 귀를 기울이게 할 수 있을까? 여기 수평적 사고를 이용하여 커다란 변화를 가져올 수 있는 간단한 팁 몇 가지를 소개한다. 여러 연구에 따르면, 다음의 4가지 표현을 적절한 상황에서 사용하면 효과적으로 상대를 설득할 수 있다.

나는 당신의 ⋯⋯⋯⋯ 면이 마음에 듭니다

상대에게 감탄하는 부분을 이야기하면 상대도 당신을 좋아하게 될 것이다. 이는 상사, 동료, 파트너, 부모님, 자녀 등 거의 모든 사람에게 적용된다. 솔직하게 말할 수 있는 상대의 장점을 찾아서 이야기해보자. 아무리 다루기 어려운 까다롭고 고압적인 상사라도 좋은 점을 찾을 수 있다. '항상 결단력이 있고 분명하신 점이 정말 좋아요'와 같은 말을 조금 바꾸어 이야기할 수 있을 것이다. 누구나 칭찬을 좋아한다. 언제나 누구에게서든 장점은 찾을 수 있는 법이다. 상대의 장점을 진심으로 인정하는 긍정적인 분위기에서 대화를 시작해보자. 이로써 상대는 더 기분이 좋은 상태에서 수용적인 태도로 대화에 임하게 될 것이다.

해주시겠어요? 왜냐하면

위스콘신대학교에서 진행한 대규모 연구에 따르면, 상대방에게 어떤 부탁을 하면서 마지막에 그 '이유'를 추가하면 긍정적인 응답을 얻을 가능성이 두 배가 된다고 한다. '화요일까지 보고서를 보내주세요'라고 말하는 것보다는 '수요일 경영진 회의 전에 보고서가 꼭 필요하니 화요일까지 보고서를 보내주세요'라고 말하는 편이 성공할 가능성이 더 높다. 마찬가지로 애인이나 배우자에게 '같이 시내에 갈래?'라고만 말하지 말고, '그럼 자기가 새 옷을 고르는 걸 도와줄 수 있으니까'라고 덧붙이는 것이 좋다. 상대방에게 당신의 요청을 따를 이유를 제시하면 그들이 긍정적으로 반응할 가능성이 높아진다.

하지만 결정은 당신 몫입니다

요청을 하고 조금 밀어붙인 후 다음과 같이 탈출 카드를 제시해서 압력을 줄여라. '이 문제는 의사의 도움을 받아야 한다는 것이 내 생각이지만, 병원에 가거나 가지 않는 것은 네가 결정할 문제야.' 연구에 따르면 압박감을 약간 완화할 때 상대의 동의 가능성은 높아진다. '어떻게 할지는 당신 선택이지', '네 선택이야'와 같은 말을 변형하여 사용할 수 있다. 예를 들어 '난 좀 더 튼튼한 새 차를 사야 할 때가 됐다고 생각하지만, 낡은 차를 계속 탈지 새 차를 살지는 당신 선택이야'라고 말하는 것이다.

한다면 나는 　　　 하겠다

이것은 어떤 협상에서든 사용할 수 있는 표현이다. 상대방에게 우선 과제를 맡긴 후에 대가를 제시하는 것이다. '숙제를 마치면 아이스크림을 사줄게'처럼 말이다. 고객이 더 좋은 조건을 요구하면 '현금으로 결제하시면 3퍼센트 할인해드리겠습니다'라고 말할 수 있다. 협상은 양보부터 시작해서는 안 된다. 양측 모두가 진전이 있는 요청으로 시작해야 한다. 따라서 제안을 하되 상대방의 행동을 조건으로 제시하는 방법을 사용해보자.

인생을 살아가다 보면 누구나 합의를 위해 노력해야 하는 때를 만나게 된다. 상대에게 무엇을 하라고 말하는 것만으로는 원하는 바를 이룰 수 없다. 모든 합의 과정에는 설득이 필요하다. 확신과 진정성을 가지고 이와 같은 방법을 사용한다면 더 강한 설득력을 갖추게 될 것이다.

Chapter 34

범죄자처럼 생각하라

영화 〈자칼의 날The Day of the Jackal〉을 본 적이 있는가? 이 영화에서 에드워드 폭스Edward Fox는 샤를 드골 프랑스 대통령을 암살하기 위해 고용된 전문 암살자 '자칼'을 연기했다. 무자비한 킬러의 노련함과 교활한 간계에 감탄하지 않을 수 없는 이 매력적인 스릴러 영화를 보고 나면 그의 대담한 계획이 성공하지 못한 것이 실망스럽게 느껴질 지경이다.

이것은 주인공이 영리한 범죄자인 스토리의 한 사례이다. 우리는 이런 장르에 끌린다. 〈브레이킹 배드Breaking Bad〉는 화학교사가 거대 마약상이 되는 이야기다. 〈소프라노The Sopranos〉는 마피아 가족의 이야기이고, 〈오자크Ozark〉는 마약 조직의 돈세탁업자에 관한 이야기다. 이들 영화와 드라마에는 법을 어기는 반영웅이 등장한다. 우리를 욕을 해야 마땅한 그 사람들에게 이끌린다. 왜 이런 드라마가 우리 마음을 사로잡는 것일까? 아마도 그들의 대담함, 위험을 무릅쓰는 태도, 뻔뻔함, 법을 피하는 교묘한 책략에 은근히 감탄하기 때문일 것이다.

보통의 범죄자라면 우리는 무시하고 경멸한다. 창문에 끼어 훔친 물건을 떨어뜨리는 멍청한 도둑을 비웃는다. 하지만 거대한 범죄를 조종하는 주모자들은 어떤 면에서 감탄스럽기도 하다. 그들은 수평적 사고를 하는 혁신가다. 이들에게서 일상적인 문제를 해결하는 데 유용한 교훈을 얻을 수도 있지 않을까?

- **규칙을 어긴다** 범죄자들은 어떤 규칙이나 법도 어길 준비가 되어 있다. 물론 우리는 법을 준수해야 한다. 하지만 그와 동시에 모든 규칙과 관습에 도전할 준비가 되어 있어야 한다. 트래비스 칼라닉Travis Kalanick 은 택시가 없는 택시 회사 우버를 설립하면서 택시 사업의 규칙을 어겼다.

- **상대의 약점을 이용한다** 해커들은 보안 시스템의 결함을 찾아서 그것을 이용한다. 스포츠 코치는 상대 선수의 약점을 찾고, 군대의 장군은 적군의 약점을 찾는다. 마케팅 전문가는 경쟁업체의 약점을 찾는다. 비즈니스 리더와 정치 지도자들은 경쟁자의 약점을 찾는 동시에 상대가 악용할 수 있는 자신의 약점도 알고 있어야 한다.

- **호도하고 감춘다** 영리한 마술사는 한 손으로 당신의 주의를 분산시

키면서 다른 손으로 당신의 주머니를 뒤진다. 아이젠하워는 히틀러가 공격 의도를 잘못 파악하게 만들기 위해 많은 노력을 기울였다. 그는 노르망디가 아닌 파드 칼레를 침공할 것처럼 히틀러를 속였다. 이처럼 속임수는 경쟁자에게 사용할 수 있는 영리한 전술이다.

- **위험을 감수하고 실패를 받아들인다** 야심 찬 범죄자는 위험을 계산하고 그 위험을 감수한다. 그는 자신이 잡혀서 감옥에 갇힐 위험이 있다는 것을 잘 알고 있지만, 이를 직업적 고충으로 받아들인다. 그리고 계속해서 시도한다. 모든 위대한 기업가와 발명가는 위험을 감수한다. 많은 창업자들은 성공작을 찾아낼 때까지 몇 번의 실패를 겪는다. 더 많은 성공을 원한다면 더 많은 위험을 감수하고, 더 자주 실패하고, 좌절과 실패로부터 배울 준비가 되어 있어야 한다.

- **수평적으로 사고한다** 계속해서 더 현명한 대안을 찾는다. 대만의 차량 절도범들은 경찰의 눈을 피해 차량 소유주로부터 돈을 받아내는 기발한 방법을 찾았다. 그들은 전서구를 이용했다. 돈을 요구하는 쪽지와 비둘기를 남겨두는 것이다. 쪽지에는 비둘기 몸통에 묶인 통에 현금을 담아 보내면 차를 돌려주겠다는 내용이 적혀 있었다. 경찰은 "망원경을 이용해 비둘기를 쫓으며 도둑을 잡으려 했지만 새가 너무 높이, 너무 빨리 날아가서 놓쳤다"라고 말했다.[20]

범죄자가 되라고 부추기는 것이 아니다. 다만 때때로 범죄자처럼 생각할 필요가 있다고 말하는 것이다. 범죄자나 경쟁자가 당신의 약점을 어떻게 악용할 수 있는지 생각함으로써 자신과 회사를 보호하라. 관습에 도전하고 규칙을 깨뜨림으로써 새로운 가능성을 찾아보라. 정직하고 강직하고 흔들림 없는 시민이 되는 것도 좋지만, 때로는 엉큼하고 수평적이고 교활한 접근법도 유용할 수 있다. 범죄자처럼 생각하되 법의 테두리에서 벗어나지는 마라!

범죄자처럼 생각할 수 있다면 범죄자보다 한 수 앞서나가는 데 도움이 될 수 있다. 다음은 도둑에 대항하기 위한 몇 가지 수평적 아이디어다.

- 반려동물을 키우지 않더라도 '개 조심' 표지판을 세워두어라. 도둑은 개를 싫어한다.
- 영리한 은폐 장소를 찾아라. 대부분의 사람들은 보석을 침대 옆 탁자나 옷장, 보석함에 보관한다. 그런 뻔한 장소가 아닌 곳을 찾아라. 벽면의 콘센트처럼 생긴 소형 금고도 있다.
- 미끼를 사용하라. 휴가 때는 지폐 몇 장이 들어 있는 낡은 지갑을 가지고 다녀라. 강도를 만나면 저항하지 말고 그 지갑을 내주어라. 집에서도 침대 옆 탁자에 값싼 보석상자를 두고 값싼 장신구과 낡은 시계를 넣어두어라.
- 자물쇠에 맞지 않는 오래된 열쇠를 현관 매트 아래 계단에 초강력 접착제로 붙여두어라. 도둑은 속임수를 알아차리고 고개를 들어 보안 카메라를 볼 것이다. 그런 다음 서둘러 자리를 뜰 것이다.

Chapter 35

기억력 향상을 위한
기억 고정 기법

기억력을 향상시키고 중요한 정보를 기억하는 데 도움이 되는 많은 요령과 기법이 있다. 긴 목록의 암기해서 언제든 기억해내야 할 때가 있다. 가령 여섯 번째 항목이 무엇인지, 열한 번째 항목이 무엇인지 즉시 기억해내야 하는 것이다.

이럴 때는 기억 고정memory pegging 기법을 사용할 것을 추천한다. 이 방법은 각 항목을 해당 번호의 시각적 심볼에 '고정'하는 것인데, 나는 다음과 같이 숫자와 발음이 비슷한 단어를 심볼로 사용한다. 고정 목록은 다음과 같다.

1 [원]: 톤(1톤) [원 톤]

2 [투]: 동물원 [주우]

3 [쓰리]: 나무 [트리]

4 [포]: 문 [도어]

5 [파이브]: 벌떼 [하이브]

6 [식스]: 막대들 [스틱스]

7 [세븐]: 천국 [헤븐]

8 [에이트]: 입구 [게이트]

9 [나인]: 줄(낚싯줄) [라인]

10 [텐]: 우리(사자 우리) [덴]

11 [일레븐]: 축구는 열한 명 [일레븐]

12 [트웰브]: 선반 [쉘프]

13 [써틴]: 비참한 [헐팅]

14 [포틴]: 연애 중인 [코어팅]

15 [피프틴]: 들어올리기 [리프팅]

16 [식스틴]: 핥기 [릭킹]

17 [세븐틴]: 발효 [레브닝]

18 [에잇틴]: 혐오하는 [헤이팅]

19 [나인틴]: 번개 [라이트닝]

20 [트웬티]: 풍요(풍요의 뿔) [플렌티]

예를 들어 다음의 미국 초대 대통령부터 10대 대통령까지를
외워야 한다고 생각해보자.

1. 조지 워싱턴(George Washington)

2. 존 애덤스(John Adams)

3. 토머스 제퍼슨(Thomas Jefferson)

4. 제임스 매디슨(James Madison)

5. 제임스 먼로(James Monroe)

6. 존 퀸시 애덤스(John Quincy Adams)

7. 앤드류 잭슨(Andrew Jackson)

8. 마틴 밴 뷰런(Martin Van Buren)

9. 윌리엄 해리슨(William Harrison)

10. 존 타일러(John Tyler)

대부분의 사람들은 순서대로 암기하기가 대단히 어려운 목록이라고 생각할 것이다. 하지만 숫자의 이미지를 성과 연결시키면 보다 쉽게 기억할 수 있다.

1. **워싱턴** 기념관 꼭대기에 균형을 잡고 있는 **1톤** 무게의 추.

2. **동물원**의 우리에 알몸으로 있는 **아담**과 이브.

3. **비행기**가 **나무**에 추락했다. (**제퍼슨** 에어플레인이라는 팝 그룹이 있다.)

4. **문**을 열면 뉴욕의 **매디슨** 애비뉴가 눈앞에 펼쳐진다.

5. 매릴린 **먼로**가 윙윙거리는 벌이 가득한 **벌집** 위로 치맛자락을 날리고 있다.

6. **아담**이 긴 **막대**에 달린 과일을 먹고 있다. 사과가 아니라 모과[퀸시]다.

7. 마이클 **잭슨**이 **천국**에서 문워크를 추고 있다.

8. 밴 한 대가 **입구**에 충돌했다. 밴에는 새 한 마리가 타고 있는데, 그것은 **푸른 굴뚝새**[블루 렌]다.

9. **낚싯줄**을 당겨보니 줄 끝에 **해리슨** 포드가 있었다.

10. 다니엘은 사자 **우리**에 있다. 그는 우리 벽에 **타일**을 붙이고 있다.

이미지가 극적이거나 우스꽝스러울수록 쉽게 기억할 수 있다. 이제 우리는 첫 10대의 미국 대통령 이름을 다 기억하고 몇 대 대통령인지도 알고 있다.

40개 또는 60개의 항목을 기억해야 하는 경우라면, 예를 들어 20개씩 나누어 빨강 목록, 파랑 목록, 노랑 목록으로 기억할 수 있다. 예를 들어 5는 빨간색 벌집, 22는 파란색 동물원, 51은 노란색 축구팀이 된다.

외워야 할 중요한 목록이 있을 때 이 방법을 사용해보라. 조금만 연습하면 놀랄 만큼 좋은 효과를 얻을 수 있을 것이다.

Chapter 36

가상의 여행을 통한 기억법

전문 강연자들은 간단하고 효과적인 기법을 사용해 연설에서 다루고자 하는 주제들을 완벽하게 기억한다. 이때 사용하는 방법을 가상 여정이라고 한다. 이 방법은 목록을 순서대로 쉽게 기억할 수 있게 해준다. 집, 도로, 마을 등 친숙한 경로를 따라 가상의 여행을 하면서 그 여정에 있는 장소를 기억하고 싶은 것들과 연결 짓는 것이다.

컨퍼런스에서 연설할 핵심사항을 순서대로 기억하고 싶다고 가정해보자. 첫 9개 항목은 다음과 같다.

1. 고객이 제품을 사용하면서 겪게 되는 문제에 대한 설명
2. 중학교 시절에 대한 이야기

3. 에이브러햄 링컨의 인용

4. 버락 오바마의 일화

5. 아마존 도서 마케팅의 실제 사례

6. 90퍼센트 기업에 대한 통계

7. 새로운 제품 또는 서비스에 대한 제안

8. 이점의 목록(고객 만족도 향상 포함)

9. 사람들이 해주었으면 하는 행동(행동 유도)

당신이 선택한 여행 경로는 다음과 같다.

1. 침실

2. 욕실

3. 계단

4. 아래층 화장실

5. 주방

6. 라운지

7. 뒷마당

8. 집 앞 진입로

9. 이웃집 앞

이 경우 이렇게 상상해볼 수 있다. 침대에서 화난 고객을 발견한다. 고객은 당신 회사의 제품에 불만을 갖고 있다. 욕실에 들어가 보니 서랍장 위에 앉아 있는 소년이 있다. 바로 당신이다. 계단 꼭대기로 올라가면 검은 모자를 쓰고 길게 수염을 기른 에이브러햄 링컨이 당신을 향해 계단을 걸어 올라오고 있다. 아래층 화장실로 내려가면 버락 오바마가 변기에 앉아 있다. 주방에 들어가자 바닥부터 천장까지 아마존에서 구입한 책이 가득하다. 라운지에 들어서니 벽에 90이라고 크게 적혀 있다. 뒷마당을 내다보니 반짝거리는 커다란 신제품 모형이 있다. 앞마당으로 걸어 나가면 행복한 고객들이 모여 있다. 그들을 지나 이웃집 앞으로 가서 확성기를 발견한다. 당신은 그것을 이용해서 열렬한 호소를 한다.

머릿속으로 이런 여정을 따라가기만 하면 모든 내용이 적절한 순서대로 떠오를 것이다. 각각의 장소는 이야기하려는 스토리를 상기시킨다. 연설 내용을 기억하거나, 프레젠테이션을 하거나, 목록을 떠올릴 때 이 기법을 사용할 수 있으며, 많은 전문 강연자들이 이 방법을 사용한다. 시각 이미지는 극적이고 기억에 남게 만들어야 한다. 조금만 연습하면 모든 세부사항을 완벽하게 기억할 수 있다. 그리고 사람들은 메모 없이도 모든 중요한 내용을 순서대로 기억하고 있는 당신에게 깊은 인상을 받을 것이다.

Chapter 37

얼룩말이 아닌
기린이 돼라

얼룩말zebra은 '증거는 없지만 견고하기 짝이 없는Zero Evidence But Really Adamant'이라는 말의 약어로, 사물을 흑과 백으로만 보는 사람을 가리킨다. 이들은 자신의 의견에 확신을 가지고 있으며, 자신의 믿음과 상반되는 정보나 사실, 과학적 내용은 가치가 없다고 여기고 경멸한다. 도널드 트럼프는 얼룩말의 대표적인 사례다. 그는 자신의 주장에 반하는 보도를 '가짜 뉴스'라고 묵살한 것으로 유명하다.

톰 니콜스Tom Nichols는 그의 책『전문가와 강적들The Death of Expertise』에서 요즘은 무지가 미덕으로 여겨지고 있다고 지적하며 다음과 같이 말했다. "전문가의 조언을 거부하는 것은 자율성을 주장하는 것이다. 그리고 이는 사람들이 사악한 엘리트들로부터 독립적임을 증명하고, 그들의 연약한 자아가 자신들이 틀렸다는 말을 듣지 않도록 보호하는 방법이다."[21]

《워싱턴포스트》는 2014년 미국인들을 대상으로 실시한 여론조사에서 우크라이나에 대한 미국의 군사적 개입에 대한 찬성 여부를 물으면서 우크라이나의 위치를 아는지도 함께 질문했다.[22] 지도에서 우크라이나의 위치를 표시할 수 있는 사람은 여섯 명 중 한 명에 불과했다. 아이러니하게도 우크라이나의 위치를 모르는 사람일수록 군사 개입이 필요하다고 확신하는 비율이 높았다. 마찬가지로 2015년 공공정책 여론조사는 미국 유권자들에게 아그라바 폭격을 지지하는지 물었다.[23] 공화당 유권자의 약 3분의 1이 지지한다는 의견을 표명했지만 아그라바는 디즈니 영화 〈알라딘〉에만 존재하는 지명이다. 2015년 오하이오주립대학교의 연구는 진보주의자와 보수주의자 모두 자신의 견해와 모순되는 과학을 무시하는 경향이 있다는 사실을 발견했다.[24] 사람들은 데이터 앞에서 자신의 신념을 재고하기보다는 연구의 타당성을 의심하곤 한다.

우리는 브렉시트를 두고 벌어진 논쟁에서 견고하기 짝이 없는 의견을 가진 '얼룩말'들을 많이 보았다. '얼룩말'은 기후변화나 백신 접종의 근거가 되는 과학에 저항한다. 과학적 증거가 없음에도 불구하고 동종요법을 확고하게 지지하는 사람들도 있다. 비즈니스에서도 마찬가지다. 상황이 변했음을 보여주는 모든 고객 대상 연구에도 불구하고 자만으로 가득 찬 채 시대에 뒤떨어진 의견을 고수하는 CEO들이 있다.

물론 전문가도 틀릴 수도 있다. 우리는 그들의 의견에 이의를 제기하고 그들의 가정과 방법론의 타당성을 시험해야 한다. 하지만 전문가를 무시하고 직감만 신뢰하는 것은 위험한 일이다. 타이타닉 호의 선장은 빙산에 대한 경고를 무시하고 빠른 속도로 운항하다가 재앙을 만났다.

'얼룩말'이 돼서는 안 된다. 그보다는 기린이 되는 편이 훨씬 낫다. 기린은 멀리 내다볼 줄 알고 겸손하며 열린 마음을 가지고 있다. 기린은 지형을 조사하고, 사실을 파악하며, 위험과 기회를 모두 받아들인다. 또한 충분히 고민한 후에 위험을 무릅쓰고 결정을 내리고, 어떤 방향으로 나아가고 있든 돌아서서 자신이 틀렸다는 것을 인정한다. 다시 말해, 기린은 곧 수평적 사고를 하는 사람을 의미한다. 이들은 열린 마음으로 도전적인 아이디어를 받아들이고 자신의 가장 소중한 신념에조차 이의를 제기할 수 있다.

따라서 어떤 조직에서든 기린은 늘리고 얼룩말은 줄여야 한다. 고위급 임원진에서는 특히 더 그렇다.

Chapter 38

어수선한 책상에서 창의력이 깨어난다

앨버트 아인슈타인은 "어수선한 책상이 어수선한 정신의 징표라면, 빈 책상은 무엇의 징표인가"라고 말했다고 한다.

가정, 학교, 직장 등 어디를 가든 깔끔하고 정돈되어 있는 것을 권장한다. 많은 회사가 책상을 깔끔하게 정리하는 것을 정책으로 채택하고 있다. 하지만 정돈을 안 하는 사람이 더 창의적이고, 어수선한 환경이 상상력을 자극할 수 있다는 많은 증거가 있다. 마크 트웨인, 버지니아 울프, 마크 저커버그, 스티브 잡스, 토니 셰이, 그리고 아인슈타인도 지저분한 책상으로 유명했다.

에릭 에이브러햄슨Eric Abrahamson과 데이비드 프리드먼David H. Freedman은 이렇게 말한다. "어수선함이 꼭 질서의 부재는 아니다. 지저분한 책상은 매우 효과적인 우선 처리 시스템이자 접근 시스템이 될 수 있다. 지저분한 책상에서는 더 중요하고 긴급한 업무가 가까이, 혹은 잡동사니 맨 위에 있고, 무시해도 문제가 없는 것들은 바닥이나 뒤쪽에 파묻히는 경향이 있다. 이는 완벽하게 합리적인 상태다."[25]

2013년 캐슬린 보스Kathleen Vohs, 조지프 레든Joseph Redden, 라이언 라히넬Ryan Rahinel 연구원은 「물리적 질서는 건강한 선택, 관대함, 인습을 낳는 반면 무질서는 창의성을 낳는다」라는 제목의 논문을 발표했다.[26] 한 실험에서 그들은 무질서한 방에 있는 참가자들이 정돈된 방에 있는 참가자들보다 더 창의적이라는 사실을 발견했다.

경제학자 팀 하포드Tim Harford는 그의 책 『메시Messy』에서 개방성, 적응성, 창의성은 본질적으로 어수선하기 때문에 질서와 정돈을 위해 노력하는 것은 잘못이라고 주장한다.[27] 우리는 어수선함의 이점에 감사해야 한다. 그는 저명한 재즈 피아니스트 키스 재럿Keith Jarrett을 예로 든다. 그는 기준에 부합하지 않는 피아노로 연주를 해달라는 요청을 받았다. 소리가 너무 작고 높은 음역대의 음이 잘 나오지 않았다. 처음에는 거절했지만, 결국 연주 요청을 승낙한 그는 포기하지 않고 독창적이고 뛰어난 연주를 해냈다. 수준이하의 장비라는 제한 때문에 영리한 방식으로 즉흥적인 연주를 한 덕분이었다.

독일의 에르빈 롬멜Erwin Rommel은 혼란스러운 상황을 즐겼다.

그런 방식으로 적보다 빠르게 생각하고 대응할 수 있다고 믿었기 때문이다. 적들이 신중하게 다음 계획을 준비하는 동안, 롬멜은 종종 가망이 없어 보이는 위치에서 예기치 못한 공격을 시작했다. 롬멜은 불확실성과 혼란을 많이 만들어낼수록 유리하다고 믿었다. 하포드는 자신의 책에서 제프 베조스와 아마존의 초기 조치들, 공화당 예비선거에서 도널드 트럼프가 구사한 기습 전술과 롬멜의 변칙적이고 정돈되지 않은 접근법을 비교한다.

캐서린 필립스Katherine Phillips, 케이티 릴젠퀴스트Katie Liljenquist, 마거릿 닐Margaret Neale을 중심으로 하는 연구진은 팀의 문제 해결 능력을 비교하는 실험을 진행했다.[28] 친구 네 명으로 이루어진 그룹도 있었고, 친구 세 명과 낯선 사람 한 명으로 이루어진 그룹도 있었다. 두 그룹의 성과를 비교한 결과 낯선 사람이 포함된 그룹이 훨씬 더 좋은 성과를 냈음을 알 수 있었다. 흥미롭게도 두 그룹에 자기 평가를 요청하자 친구들로만 구성된 그룹은 자신들이 잘했다고 생각했고(틀린 생각), 낯선 사람이 포함된 그룹은 자신들이 잘 하지 못했다고 생각했다(틀린 생각). 동질적인 그룹 내에 있는 사람들은 현재의 상황에 안주하는 경향이 있으며, 조화를 과대평가한다. 반면 외부인은 우리의 사고에 이의를 제기하는 데 도움을 준다.

대도시의 가장 큰 장점은 다양한 커뮤니티와 그 속에서 만들어지는 어수선하고 정신없는 연결이다. 다원화된 도시와 다양한 경제는 한두 분야에 특화된 도시보다 더 좋은 성과를 내며 회복력도 더 크다.

교사들은 아이들이 규칙이 명확한 게임보다 격식에 얽매이지 않고 즉흥적으로 자신만의 규칙을 만들어야 하는 게임에서 더 많은 것을 배운다고 말한다.

하포드의 논지는 그의 책 중 다음 구절에 잘 요약되어 있다. "우리는 진정한 창의성, 흥분, 인간성이 삶의 정돈된 부분이 아닌 어수선한 부분에 있다는 것을 거듭 확인했다."

수평적 사고를 하고 싶다면 어수선한 책상, 다원화된 커뮤니티, 무작위적인 사건을 기쁘게 받아들여야 한다.

Chapter 39

창의적인 사람과
친구가 돼라

작고한 기업가 짐 론Jim Rohn에 따르면, 내가 가장 많은 시간을 함께 보내는 사람 다섯 명의 평균이 곧 나라고 한다. 함께 어울리는 사람들은 당신이 어떤 생각을 하는지, 당신이 어떤 사람인지에 영향을 미친다. 우리는 배경, 관심사, 교육, 태도, 의견 등의 측면에서 자신과 비슷한 성향의 사람들과 모이는 경향이 있다. 이는 편안함과 안정감은 주겠지만 창의성이나 독립적인 사고는 억누르며, 순응과 집단사고를 조장한다. 아마 당신과 당신 친구들은 대부분 같은 뜻을 가지고 있을 것이다. 보통 사람들은 보통의 생각을 가지고 있다. 수평적인 생각을 하며 창의적이고 색다른 사람이 되고 싶다면 만나는 사람의 범위를 넓혀 자신과는 다른 다양한 사람들을 접해야 한다. 그리고 어색한 대화, 이질적인 아이디어, 지적 도전,

반대로 생각하는 사람들의 세계에 빠져들어야 한다.

한스 크리스티안 안데르센Hans Christian Andersen의 동화는 기묘한 주제와 영감을 주는 주인공들을 통해 여러 세대의 마음을 사로잡았다. 그의 대표작에는 『미운 오리 새끼』, 『공주와 완두콩』, 『벌거벗은 임금님』 등이 있다. 디즈니 영화 〈겨울왕국〉은 안데르센의 이야기 『눈의 여왕』을 기반으로 하고 있다. 안데르센은 불행한 어린 시절을 보냈다. 그의 할아버지는 정신병원에 갇혀 있었다. 어린 안데르센은 종종 할아버지를 찾아가 환자들이 횡설수설 떠드는 이야기를 들으며 시간을 보냈고, 그 경험이 그의 많은 이야기의 원천이 되었다. 할아버지를 만나기 위해 정신병원을 오가면서 전형적인 사람들로부터 벗어난 덕분에 그는 다양한 이야기에 대한 영감을 얻을 수 있었다.

앤디 워홀Andy Warhol은 항상 작업실의 문을 열어두어서 누구나 그의 작업실에서 시간을 보낼 수 있었다. 많은 창의적인 사람들이 그곳에 모여들었다. 그들은 종종 새로운 예술 작품에 대한 제안을 하거나 그런 작품을 제작하는 데 도움을 주었다. 워홀은 사람들의 아이디어를 흡수했고, 그의 스튜디오는 독창성과 상상력의 온상이 되었다. 워홀을 찾던 사람들 중에는 벨벳 언더그라운드와 그 밴드의 보컬 루 리드Lou Reed도 있었다.

다른 예술가들은 물론이고 여러 분야에서 새로운 아이디어를 창조해내는 독창적인 사람들을 찾고자 하는 크리에이티브 에이전시에서도 이런 접근법을 모방해왔다. 우리도 이런 방법을 적용해서 안데르센의 정신병원이나 워홀의 작업실과 같은 공간에서 사람들을 만나보는 것은 어떨까?

창의적인 천재들 중 일부는 혼자 일을 하지만 다른 사람들과 함께 일을 하는 이들도 많다. 존 레논과 폴 매카트니는 자주 부딪혔지만 서로의 곡에 대한 아이디어를 주고받았다. TV 프로듀서들은 새로운 드라마나 예능 프로그램을 만들 때 함께 일하고, 논쟁하고, 웃을 수 있는 일단의 작가들을 모으고, 이들은 서로에게 자극을 준다.

창의적인 아이디어를 원한다면 창의적인 사람들과 어울려야 한다. 인맥을 조사해 작곡가, 화가, 작가, 건축가, 배우, 프로듀서, 연예인인 사람을 알고 있는지 확인해보자. 급진적인 사고를 하는 사람을 알고 있는가? 독창적인 의견과 자극이 되는 아이디어를 줄 수 있는 사람은 누구인가? 이런 지인들을 만들기 위해 노력하고, 그들과 토론을 해보자. 창의적인 프로젝트를 진행할 때라면 솔직하게 그들에게 의견을 부탁해보라. 장담컨대 절친한 친구 다섯 명에게서 얻는 것보다 더 가치 있는 아이디어를 얻게 될 것이다.

Chapter 40

실패 뒤에
스스로에게 던져야 할 질문들

누구나 실패를 한다. 삶을 살아가다 보면, 잘 풀리지 않는 관계, 잘 맞지 않는 일, 실패한 시험, 성공하지 못한 계획이 있기 마련이다. 새로운 일을 많이 시도할수록 많은 실패를 경험하게 된다. 사실 실패를 피하는 유일한 방법은 새로운 일을 전혀 하지 않는 것이다. 따라서 수평적인 사고를 하는 사람들은 많은 실패를 경험하곤 한다.

중요한 것은 실패를 어떻게 다루는가이다. 실패로 인해 자신감을 잃고 자신이 그 자리에 부적절한 무능력한 사람이라는 생각이 강화될 수도 있다. 하지만 실패의 경험은 배울 수 있는 기회이자 새롭게 시작할 수 있는 기회일 수도 있다. 실패를 기회로 여길 수 있는 가장 좋은 방법은 스스로에게 다음과 같이 몇 가지 어려운 질문을 던지는 것이다.

- **실패에서 배울 수 있는 것은 무엇인가?** 잘못된 것에 대해서는 책임을 져야 한다. 물론 모두 당신 탓은 아니다. 하지만 당신이 책임져야 할 부분이 있을 것이다. 성공하는 사람은 변명을 하거나 남을 탓하지 않는다. 그들은 문제에 대하여 주인의식을 갖는다. 비판하되 건설적인 비판을 해야 한다. 실패의 경험을 객관적으로 보도록 노력해야 한다. 일어난 중요한 일의 목록을 만든 다음 그것을 단계별로 분석하고 배워야 할 점을 찾아라.

- **다른 방법은 없었을까?** 다른 선택지는 없었을까? 나는 어떤 선택을 했나? 달리 해결할 수 있는 방법은 없었을까? 지금 아는 것을 그때도 알았더라면, 어떤 다른 조치를 취했을지 생각해보자.

- **배우거나 향상시켜야 할 기술은 어떤 것인가?** 문제를 통해 당신에게 기술이 부족하다는 것이 드러났는가? 어떻게 하면 그 기술을 배우거나 향상시킬 수 있을까? 책이나 강좌가 있을 수도 있고 의지할 사람이 있을 수도 있다. 필요한 기술과 경험을 습득할 수 있는 자기 계발 계획을 세워보자.

- **배울 수 있는 사람이 있을까?** 조언을 구할 수 있는 사람이 있는가? 무슨 일이 일어났는지 지켜본 상사 혹은 동료, 친구가 있는가? 그들이 도움이 되는 건설적인 사람들이라면 그들에게 피드백과 지도를 부탁하라. 대부분의 사람들은 도움을 부탁하는 것을 망설인다. 도움을 청

하는 것은 강함이 아닌 약함의 증거라고 여기기 때문이다. 하지만 그 것은 잘못된 생각이다. 도움을 청하는 것은 당신이 배울 준비가, 바뀔 준비가 되었다는 것을 보여준다. 좋은 친구라면 기꺼이 도움을 줄 것이다.

- **다음으로 하게 될 일은 무엇인가?** 이제 행동 계획을 세워야 한다. 비 슷한 일을 시도할 생각인가? 아니면 전혀 다른 일을 해볼 생각인가? 당신의 목적과 목표를 다시 점검하라. 이번의 좌절로 당신의 여정에 차 질이 생겼을 것이다. 하지만 그것을 중단이 아닌 전환으로 생각하라. 목적지를 다른 각도에서 보고 새로운 경로를 계획하라.

성공적인 사람들, 특히 발명가, 탐험가, 과학자, 정치인의 인생 이야기를 읽어보면, 경력 초반이 실패로 점철되어 있는 것을 알 수 있다. 월트 디즈니, 토머스 에디슨, 헨리 포드가 그 대표적인 사례 이다. 에이브러햄 링컨은 1856년의 부통령 후보 지명에서 낙마했 고, 1858년 상원의원 선거에 두 번째로 출마했다가 낙선하는 등 수많은 패배를 겪었다. 하지만 그로부터 2년 후 그는 대통령에 당 선되었다.

중요한 점은 자신의 패배를 배움의 경험으로 이용하고, 미래의 성공을 위한 초석으로 만드는 것이다. 삶의 모든 일에서 긍정적인 면을 찾을 수 있다. 자신에게 이 5개의 질문을 던지는 일은 그런 긍정적인 면을 찾는 데 도움이 될 것이다.

Chapter 41

수학 문제를 위한
우아한 해법

세계 최고의 수학자로 꼽히는 카를 프리드리히 가우스Carl Friedrich Gauss는 1777년 독일에서 태어났다. 어린 시절 학교 선생님은 아이들을 조용히 시키기 위해서 다음과 같은 문제를 냈다. "1에서 100까지의 모든 숫자를 더하세요." 교사는 100까지 숫자를 더하려면 아이들이 한동안 조용할 것이라고 생각했다. 하지만 눈 깜짝할 사이에 어린 가우스가 손을 들고 답을 말했다. 그는 문제를 풀 수 있는 빠르고 우아한 방법을 찾았다. 이것은 수학에서 수평적 사고를 보여주는 좋은 사례다. 이 문제를 푸는 뻔한 방법은 1 + 2 + 3 + 4……와 같이 모든 숫자를 차례대로 계속 더해나가는 것이다. 하지만 가우스는 1 + 100은 101이고, 2 + 99는 101이고, 3 + 98은 101이며, 이런 식으로 50 + 51까지 계속 더할 수 있다는 것을 파악했다. 101의 집합이 50개이므로 답은 5050다.

이제 다음의 문제를 풀어보자. 기차 A가 레딩에서 출발해 런던까지 시속 10마일(약 16킬로미터)의 속도로 달린다. 동시에 런던을 출발한 기차 B는 레딩을 향해 시속 20마일(약 32킬로미터)로 달린다. 런던은 레딩에서 30마일(약 48킬로미터) 떨어져 있다. 기차 A가 출발하자마자 기차 앞에 앉아 있던 파리 한 마리가 시속 50마일(약 80킬로미터)의 속도로 기차 B를 향해 날아갔다. 파리는 기차 B에 닿자마자 다시 기차 A로 돌아왔다. 파리는 두 기차 사이의 거리가 가까워져 서로 지나칠 때까지 계속 기차 사이를 오가며 날아다녔다. 파리가 날아간 거리는 총 얼마인가?

이 문제를 해결하는 한 가지 방법은 파리가 이동한 거리를 각각 계산해 더하는 것이다. 복잡하고 어렵고 지루한 과정이다. 하지만 이 문제를 해결하는 훨씬 더 간단하고 쉬운 방법이 있다. 두 열차가 30마일 떨어진 곳에서 합쳐서 시속 30마일의 속도로 접근한다. 따라서 두 기차가 만나기까지 1시간이 걸린다. 파리는 시속 50마일의 일정한 속도로 난다. 그러므로 1시간 동안 50마일을 난다. 간단하지 않은가?

수학은 인간의 지적 활동 중에 가장 순수하고, 가장 추상적이며, 가장 도전적이고, 가장 유용한 것이다. 수학은 대단히 이론적이기도 하지만 동시에 과학, 공학, 건축 등 다양한 분야의 실제적인 문제를 해결하는 중요한 도구이기도 하다. 수학은 많은 수평적 사고의 기회를 제공하며, 수학자들은 까다로운 문제에 대한 우아하고 신선한 해법을 찾아내는 것을 좋아한다.

수학에서 수평적 사고를 사용하는 좋은 예는 허수(복소수라고도 알려져 있다)다. 허수의 정의를 보면 존재할 수 없는 수이지만 대단히 유용하다! 9의 제곱근은 무엇일까? 아마 3이라는 대답이 나올 것이다. 그 대답도 맞다. 하지만 수학자라면 ±3이라고 말할 것이다. +3이든 -3이든 제곱하면 +9가 되기 때문이다. 그렇다면 -9의 제곱근은 무엇일까? 우리는 오랫동안 모든 숫자를 양수이거나 음수라고 가정해왔다(아마도 0은 제외하고). 양수에 양수를 곱하면 양수가 되고, 마찬가지로 음수에 음수를 곱하면 양수가 된다. 따라서 어떤 실수도 곱해도 -9가 될 수는 없다. 이는 고대부터 르네상스 시대까지 수학계의 통념이었다. 1545년 이탈리아 수학자 지롤라모 카르다노Gerolamo Cardano가 『아르스 마그나Ars Magna』라는 책을 출판할 때까지는 말이다. 이 책에서 그는 3차 방정식을 푸는 묘책을 보여주었다. -1의 제곱근을 나타내는 기호를 사용하는 것이다. 이것은 '상상imagination'을 뜻하는 i로 알려졌고, 곧 이 가상의 숫자를 사용하여 다양한 분야의 온갖 문제를 해결할 수 있다는 것이 명백하게 드러났다. 실제로 오늘날 경제학에서 양자물리학에 이르는 모든 방정식을 푸는 데 허수가 사용된다.

자, 이제 당신 차례. 다음의 3개 문제를 통해 수평적 사고를 시도해보자. (이 퍼즐은 폴 슬론과 데스 맥헤일의 『수평적 수학 사고 퍼즐』에

서 가져온 것이다.[29])

1. 당신에게는 같은 크기의 유리잔 2개가 있다. 하나는 와인이 반 차 있고, 다른 하나에는 물이 반 차 있다. 와인을 한 스푼 떠서 물에 섞는다. 이후 그 혼합물을 한 스푼 떠서 물에 섞는다. 물에 있는 와인이 와인에 있는 물보다 많을까?

2. 테니스 단식 토너먼트에 79명이 출전했다. 승자를 가리려면 몇 번의 경기를 해야 할까?

3. 30피트(약 9.1미터) 깊이의 우물 바닥에 작은 달팽이 한 마리가 있다. 이 달팽이는 매일 우물벽을 3피트(약 91.4센티미터)씩 기어오르지만 밤이면 2피트(약 61센티미터)씩 아래로 미끄러진다. 이 달팽이가 우물 위로 올라오는 데에는 며칠이 걸릴까?

해답은 312쪽에

Chapter 42

인지 편향을 극복하라

인지 편향은 사고 시스템 내에서 반복되는 오류다. 누구나 판단에 영향을 미치는 인지 편향을 갖고 있다. 다행히, 심리학자들이 이런 현상들을 연구해온 덕분에 우리는 이런 사고의 결함에 대해 인식하고 거기에 대응할 수 있는 기회를 얻게 되었다. 우리 주변에서 쉽게 찾아볼 수 있는 인지 편향 몇 가지를 살펴보자.

- **호감 편향**affinity bias 우리는 자신과 가장 비슷한 사람들에게 우호적인 경향이 있다. 우리는 다른 사람들보다 그들의 의견과 판단을 더 높게 평가한다.
- **기준점 편향**anchoring bias 우리는 가장 처음에 접한 정보에 지나치게 의지하곤 한다. 누군가에게 차를 한 대 보여주고 1,000파운드 이상의

가치가 있다고 생각하느냐고 물은 뒤에 가격을 예상해보라고 하면, 그 사람은 처음에 차의 가치가 1만 파운드에 못 미친다고 생각하느냐는 질문을 받은 사람보다 훨씬 낮은 예상가를 제시한다. 어떤 협상에서든 이런 편향을 이용해서 첫 번째 입찰가를 제시함으로써 상대의 기대 수준을 정할 수 있다.

- **권위 편향**authority bias 권위를 따르고, 이성을 사용해 결정에 이의를 제기하지 않는 경향을 말한다.

- **가용성 편향**availability bias 최근에 얻은 정보나 마음에 바로 떠오른 것에 더 큰 가치를 두는 경향. 우리는 즉시 사용할 수 있는 정보를 더 신뢰하고 비슷한 일이 장래에 발생할 가능성을 과대평가하는 경향이 있다.

- **확증 편향**confirmation bias 자신의 신념과 선입견을 더 확실하게 하는 정보를 찾고 거기에 가치를 두며, 자신의 신념과 의견에 반하거나 그것을 무효화하는 정보는 거부하거나 무시하는 경향을 의미한다.

- **보수주의**consevatism 언제나 위험을 피하는 것이 더 낫다는 믿음.

- **도박사의 오류**gambler's fallacy 불운 뒤에는 행운이 따를 것이라는 믿음. 동전이 다섯 번 연속 앞면이 나왔다면 다음에는 뒷면이 나올 확률이 더 높다고 생각할 수 있다. 하지만 정상적인 동전이라면, 앞면이 나올 확률과 뒷면이 나올 확률은 여전히 50 대 50이다.

- **후광 효과**halo effect 사람에 대한 전반적인 인상은 그 사람의 성격, 의견, 결정에 대해 당신이 느끼고 생각하는 방식에 영향을 미친다. 특히

신체적 매력은 다른 자질을 평가하는 방식에 큰 영향을 준다. 키가 크고 잘생기고 자신감 있어 보이는 남성의 견해는 다른 일반적인 사람들의 의견보다 더 많이 주목을 받는다.

- **다수의 법칙**law of large numbers   우리는 소규모 표본의 결과에 오도될 수 있다. 표본의 크기는 통계 결과의 신뢰도에 대단히 중요하다.

- **과신**overconfidence   우리는 올바른 결정을 내리는 자신의 능력을 과대평가하는 경향이 있다.

- **위험 보상**risk compensation   안전하다고 느낄 때 더 많은 위험에 노출될 수 있다. 헬멧을 착용하지 않고 자전거를 타는 사람보다 헬멧을 착용한 사람에게서 사고가 더 많이 발생한다.

- **사회적 증거**social proof   많은 사람들이 하는 일이라면 올바른 선택이 분명하다고 생각하기 마련이다. 하지만 군중이 극히 잘못된 선택을 하는 경우는 쉽게 찾아볼 수 있다.

- **사소함의 법칙**triviality law   우리는 복잡하고 해결하기 어려운 중요한 문제보다는 이해하기 쉽고 고치기 쉬운 사소한 문제에 대해 논의하는 것을 선호한다.

판단과 의사결정의 질을 낮추는 이런 인지 편향을 극복하기 위해 할 수 있는 일들이 있다. 첫째, 이런 경향이 사고에 영향을 미칠 수 있다는 것을 인식하는 것이다. 인지 편향의 목록을 읽고 자신에게 해당하는 것이 어떤 것인지 객관적으로 평가해보자. 둘째,

자신의 의사결정 스타일과 절차에 대해 고려해보자. 자신감이 과도하거나 위험 회피 성향이 지나치게 강하지 않은가? 셋째, 의도적으로 자신의 편향에 도전하라. 억지로라도 반대의 시각에서 생각할 수밖에 없는 상황을 만들어보자.

PART 5

비즈니스를 위한 수평적 사고

Lateral
Thinking for
Every Day

Chapter 43

더 잘하는 일에
집중하라

마크 트웨인의 『톰 소여의 모험』에는 톰이 울타리에 흰색 페인
트를 칠하는 벌을 받는 장면이 있다. 친구 벤 로저스가 와서 일을
해야 하는 그를 놀린다. 톰이 그를 무시하고 페인트 칠에 집중하자
벤은 재미있냐고 묻는다. 톰이 대답한다. "재밌냐고? 재미있지 않
을 이유가 있겠어? 어린 애가 울타리에 페인트를 칠할 수 있는 기
회가 매일 생기겠냐고?" 벤이 해봐도 되느냐고 묻자 톰은 마지못
해 하는 듯 허락해준다. 결국 톰은 한 무리의 아이들에게 돈을 받
고 울타리를 칠할 수 있는 특전을 준다. 이것이 실제에 적용된 수
평적 사고의 예다. 톰은 벤과 다른 소년들이 울타리를 칠할 기회
를 얻는 것을 즐겁게 생각하도록 만들어 상황을 반전시켰다.

이전에는 비행기를 타려는 사람들이 공항의 체크인 창구로 가

서 줄을 섰다가 직원을 만나 신상 정보를 등록하고 탑승권을 발급받아야 했다. 이후 누군가 좋은 아이디어를 떠올렸다. 승객들이 직접 컴퓨터나 앱을 통해 집에서 신상 정보를 입력하고, 좌석을 선택하고, 탑승권을 출력하거나 스마트폰에 다운로드 하는 것이다. 짐이 없는 승객은 이 방법으로 상당한 시간을 절약할 수 있고, 항공사 역시 체크인 수속에 드는 수고를 줄일 수 있다. 항공사는 자신의 일을 고객에게 넘겼고, 모두에게 좋은 이 방법은 더 나은 관행으로 인정받아 보편적으로 채택되기에 이르렀다.

1950년대에는 케이크 믹스의 매출이 저조했다. 심리학자 어니스트 디히터Ernest Dichter는 제너럴 밀스General Mills(미국의 대형 식품 제조업체-옮긴이)에 대한 연구를 진행했다. 여성들을 인터뷰한 디히터는 (물을 붓고 젓기만 하면 되는) 케이크 믹스의 간편성 자체가 여성들로 하여금 사실상 아무 일도 하고 있지 않다는 죄책감을 갖게 한다는 사실을 발견하고는 요리를 하는 사람이 (달걀을 깨 넣는 것 같은) 간단한 일을 직접 하게 해야 한다고 조언했다. 제너럴 밀스와 다른 케이크 믹스 제조업체들은 디히터의 조언에 따라 건조 달걀을 믹스에서 제외시켰다. 여성들은 직접 신선한 달걀을 믹스에 넣으면서 조리과정에서 죄책감을 덜 느끼게 되었고, 그에 따라 케이크 믹스 제조업체의 매출도 상승했다.[30] 하지만 일부 논평가들은 이 아이디어가 성공한 이유에 대한 그의 분석을 반박하며, 판매가 늘어난 것은 단순히 건조 달걀이 아닌 신선한 달걀을 넣은 케이크가 더 맛있기 때문이라고 주장했다!

이케아의 성공에는 가구를 조립하는 일을 고객에게 이전시킨 방식이 큰 몫을 했다. 이로써 제품을 납작하게 포장할 수 있었고 자연히 저장 공간과 운송비가 감소했다. 소비자들은 일정 부분의 일을 스스로 함으로써 돈을 절약할 수 있게 되었다.

스톡홀름에서 거리의 담배꽁초를 줍는 데 야생 까마귀가 동원된다는 보도가 있었다.[31] 까마귀가 담배꽁초를 물어서 자동 땅콩 인출기가 내장된 쓰레기통에 떨어뜨리면 보상으로 먹이를 얻을 수 있다. 이는 까마귀는 쓰레기를 먹지 않고, 전문가들이 일곱 살 어린이 수준의 추론 능력을 가지고 있다고 추정할 정도로 학습 능력이 뛰어나다는 사실에서 생각해낸 방법이다. 이처럼 독창적인 방법으로 스톡홀름은 담배꽁초를 치우는 데 드는 비용을 75퍼센트 절약할 수 있을 것으로 추정되었다.

기프가프Giffgaff는 영국의 휴대전화 네트워크로, 지역사회의 지원 혜택을 받고 있다. 이 회사는 소비자가 하는 기술적 질문을 다른 사용자, 즉 소정의 보상을 받고 지원 커뮤니티의 구성원으로 활동하는 사람들에게 답하도록 하고 있다.

아우터Outer는 실외 가구 공급업체다. 그들은 쇼룸이나 소매 매장을 갖고 있지 않다. 이 회사의 제품을 직접 보고 싶은 사람은 회사 웹사이트를 통해 가구를 기꺼이 보여주겠다는 이웃을 찾을 수 있다. 그리고 가구를 보여준 고객은 판매로 연결된 부분에 대해서 보상을 받는다. 이 회사는 고객들에게 가구 전시의 임무를 맡김으로써 값비싼 쇼룸에 드는 비용을 절약하고 있다.

까마귀나 다른 동물, 고객이나 아이들에게 맡길 수 없는 일을 하고 있는가? 그렇더라도 누군가 부탁할 사람이 있을 것이다. 사용하는 시간에 비해 가치가 낮은 과제가 있는지 분석하고, 다른 사람에게 그 일을 시키는 것이 더 현명하지 않은지 스스로에게 물어보자. 장부 정리, 웹사이트 유지 및 보수, 스케줄 관리, 공급업체와의 통화에 많은 시간을 사용하고 있지는 않은가? 그런 일은 전문가에게 맡기고 당신이 정말로 잘하는 일에 집중해서 대가를 더 많이 얻는 것이 낫지 않을까?

Chapter 44

제품의 새로운 용도를 발견하라

칼을 드라이버로, 신발을 망치로 사용한 적이 있는가? 그렇다면 당신은 제품을 생산자가 예상하지 못한 용도로 바꾸어 사용한 것이다. 다시 말해, 제품의 다른 용도를 발견한 것이다. 이런 아이디어는 제품이나 서비스 혁신의 유용한 원천이 될 수 있다. 당신이해야 할 일은 수평적 사고뿐이다.

드 비어스De Beers는 1888년 남아프리카에서 시작된 다이아몬드 채굴 기업이다. 이 회사는 자연계에서 가장 단단한 물질인 다이아몬드를 채굴하여 드릴 비트에 사용되는 산업용 다이아몬드를 생산했다. 그러나 이 회사는 기막힌 마케팅으로 다이아몬드의 용도를 사랑과 헌신의 상징으로 바꾸었다. 드 비어스는 '다이아몬드는 영원하다'라는 슬로건으로 다이아몬드 약혼반지라는 개념을 만들어냈다. 이것은 20세기 최고의 광고 문구로 꼽힌다.

크리넥스Kleenex 티슈는 화장과 마사지 크림을 닦는 용도로 개발되었지만, 이 회사는 사람들이 코를 풀기 위해 티슈를 구입한다는 것을 발견했다. 크리넥스는 '주머니에 감기를 넣고 다니지 마세요(손수건 대신 티슈를 이용하라는 의미-옮긴이)'라는 광고 문구를 이용하면서 마케팅 전략 자체를 완전히 바꾸었다.

오스트리아 오텐스하임에 있는 다스파크 호텔은 다뉴브 강 강둑에 자리하고 있다. 공원 안에 있는 이 독특한 호텔은 도심의 하수구를 용도 변경해 만든 원통형 방 5개로 이루어져 있다. 7피트(약 2.1미터) 너비의 방에는 더블 침대, 램프, 저장 공간, 침구, 전원 콘센트가 있다. 캠핑장처럼 화장실과 샤워장이 근처에 있고 투숙객은 가까운 '수영장'인 다뉴브 강에서 수영을 즐길 수 있다.

루코제이드Lucozade는 1927년 영국의 한 약사가 발명한 오렌지 맛의 탄산음료다. 처음에는 건강 음료로 홍보되어 약국에서 판매되었다. 이때 광고 문안은 '루코제이드는 회복을 돕는다'였고, 엄마들이 몸이 아픈 아이들을 위해 이 제품을 구매했다. 하지만 시간이 지나면서 이 브랜드는 스포츠·에너지 음료로 새롭게 포지셔닝하는 데 성공했다. 동일한 제품의 다른 측면을 강조하여 완전히 새로운 시장에서 홍보하여 얻은 결과였다.

휴대전화는 더 이상 전화기로서의 기능만 하지는 않는다. 카메라, 검색기, 앱 플레이어로 사용하면서 가끔 전화를 걸거나 받는다. 완전히 다른 용도로 사용되고 있는 것이다.

스와르페가Swarfega는 기름때를 제거할 때 사용하는 농도가 진한 젤 타입의 손 세정제다. 영국 더비셔 주 벨퍼에 세제업체를 세운 화학자 오들리 윌리엄슨Audley Williamson이 1947년 처음 개발한 이 제품은 원래 실크 스타킹의 수명을 늘리기 위해 고안한 것이었지만, 나일론 스타킹이 실크 스타킹을 대체하면서 시장에서 외면받았다. 하지만 윌리엄슨은 기계공들이 손을 씻을 때 이 제품이 유용하게 쓰인다는 이야기를 듣고 용도를 바꾸었고, 결국 스와르페가는 많은 엔지니어링 회사들이 손 세정제로 선택하는 제품이 되었다.

스캠퍼SCAMPER는 제품에 대한 신선한 아이디어를 창출하기 위해 사용하는 강력한 브레인스토밍 기법이다. 7개의 동사로 이루어진 이 기법에서 P는 '다른 용도Put to other uses'를 의미한다. 다시 말해, 그 제품을 완전히 다른 용도로 사용할 수 있는 다양한 아이디어를 생각해내는 것이다. 실제로 '우리 제품의 기존 용도가 불법이라는 법안이 통과된다는 가정 하에 완전히 다른 용도를 찾을 수 있을까?'라는 질문이 브레인스토밍 회의를 시작하는 좋은 방법이 되기도 한다. 다이아몬드를 드릴 비트에 사용하는 것이 금지된다면 우리는 그것을 약혼반지로 사용한다는 생각을 해낼 수 있을까?

고객을 관찰해보라. 그들은 당신 제품을 어떻게 이용하고 있는가? 특이하거나 색다른 용도로 사용하고 있지는 않은가? 누군가가 당신 회사의 칼을 드라이버로, 당신 회사의 구두를 망치로 사용하고 있다면 그것은 어쩌면 혁신적인 새로운 용도와 새로운 시장의 원천일 수도 있다.

Chapter 45

구글을 만든
수평적 사고의 힘

수평적 사고는 새로운 접근법을 시도하고, 다른 방면의 아이디어를 빌리고, '만약'이라는 질문을 던지고, 흥미로운 것과 마주했을 때 그것을 인식하는 일을 모두 포함한다.

1973년 미시건주립대학교에서 일하던 칼 페이지Carl Page와 글로리아 페이지Gloria Page 부부가 아들을 낳았다. 칼은 컴퓨터공학과 교수였고 글로리아는 프로그래밍을 가르쳤다. 그들은 아들을 로렌스라고 불렀지만, 그는 래리로 알려졌다. 아이는 여섯 살에 최초의 가정용 컴퓨터 모델을 접할 수 있었고, 곧 프로그래밍을 하게 되었다. 조숙한 아이였던 래리는 부모가 일하는 대학에서 경영학과 컴퓨터공학을 공부했다. 이후 그는 MIT 대학원에 지원했으나 합격하지 못하고 스탠퍼드대학교 대학원에 입학했다. 그것은 이후 아주 좋은 선택이었던 것으로 드러났다. 그는 1995년 대학원 오리엔테이션에서 대학원 2학년생이던 세르게이 브린Sergery Brin을 만났다. 두 사람은 죽이 잘 맞았고 친구가 되었다. 두 사람 모두 똑똑하고, 반항적이고, 괴짜였다. 물론 다툼도 많았다. 페이지는 이후 이렇게 말했다. "나는 세르게이가 대단히 불쾌하다고 생각했다. 그는 매사에 정말 강한 의견을 갖고 있었고, 나 역시 그랬던 것 같다."[32]

브린은 1974년 모스크바에서 태어났다. 부모님은 모두 수학자였지만 유대인이었기 때문에 소련에서의 전망이 좋지 않았다. 그들은 1979년 미국으로 이주했다. 브린은 래리 페이지와 비슷하게 코모도어 64Commodore 64(1982년 출시된 8비트 가정용 컴퓨터)를 선물로 받고 프로그래밍을 했다. 그는 메릴랜드대학교에서 수학과 컴퓨터공학 학위를 받았다. 두 사람의 또 다른 공통점은 브린 역시 MIT 대학원에서 입학을 거절당하고 스텐퍼드대학원으로 갔다는 것이다.

두 사람 모두 1990년대 중반 사용량이 폭발적으로 증가하고 있었던 월드 와이드 웹에 마음을 빼앗겼다. 페이지의 논문 주제는 다양한 웹페이지의 비교 우위를 평가하는 방법이었다. 그는 부모님의 학술 논문에서 아이디어를 빌려왔다. 논문의 중요성을 평가하는 한 가지 방법은 다른 논문에서 출처로 얼마나 많이 인용됐는지를 헤아리는 것이다. 페이지는 웹페이지를 이용하고 싶었지만 하나의 웹페이지 안에 얼마나 많은 링크가 있는지는 쉽게 파악할 수 있는 반면 얼마나 많은 다른 사이트에서 그 웹페이지를 링크하는지는 알기가 어려웠다. 이후 그는 대담한 질문을 떠올렸다. '월드 와이드 웹 전체를 다운로드해서 모든 링크를 분석할 수 있다면?'

1996년 초만 해도 10만 개가 넘는 웹사이트가 있었고, 거기에는 1,000만 개 이상의 문서와 약 10억 개의 링크가 있었다. 더구나 그 수는 기하급수적으로 늘어나고 있었다. 페이지는 겁먹지 않고, 모든 웹사이트를 하나씩 살피며 링크와 주소를 저장하는 프로그램인 웹 크롤러를 만들었다. 백럽Backrub이라고 불리는 이 프로젝트는 규모가 엄청나게 커져서 스탠퍼드대학교 전체 웹 대역폭의 절반 이상을 흡수했고, 그 때문에 대학 서버가 다운되기도 했다. 하지만 대학 당국은 너그럽게도 그가 작업을 계속하도록 해주었다. 브린은 이 프로젝트의 대담함에 감탄해서 열의를 갖고 참여했다.

그들은 여전히 웹 분석 도구를 만들고 있었다. 이후 페이지는 이렇게 말했다. "놀랍게도 검색 엔진을 구축하겠다는 생각은 없었습니다. 그런 것은 생각조차 하지 않았죠." 두 사람이 찾은 것은 들어오는 링크의 수와 질에 기반하여 웹페이지를 평가하는 탁월한 방법이었다. 이 과정에서 그들은 다른 어떤 것보다 높은 가치를 지닌 검색 엔진을 발견했다는 사실을 깨달았다. 그들은 접속하는 링크의 수만 세는 것이 아니라, 접속하는 링크가 많은 사이트에서 들어오는 링크에 더 높은 가치를 두는 자신들만의 방법을 개발했다. 이것은 사이트의 비교 우위를 훨씬 더 정확하게 분석하는 새롭고 귀납적인 방법이었다.

페이지와 브린은 검색 엔진의 이름을 구글Google이라고 지었다. 처음에 생각했던 이름은 숫자 1 뒤에 0이 100개 붙는 구골googol이라는 단어였지만, 구골닷컴Googol.com이라는 이름은 이미 사용 중이었기 때문에 구글닷컴Google.com에 만족해야 했다. 1998년 4월, 그들은 자신들의 접근방식을 (정확한 세부사항은 밝히지 않고) 설명하는 논문을 발표했다.

그들은 이 프로젝트를 상업화하기 위해 야후, 알타비스타, 라이코스, 익사이트 등 당시 유명했던 검색 엔진 업체의 CEO들에게 사업 계획을 발표하며 특허와 라이선스 비용으로 100만 달러의 투자를 요구했지만 모두 거절당했다. 페이지는 이후 "그것이 그들에게는 그리 큰돈이 아니었다"라고 말했다. 당시 검색 엔진 업체의 경영진들에게는 통찰력이 부족했던 셈이다. 그들 중 대부분이 "검색은 그렇게 중요하지 않습니다"라고 말했다. 대기업들은 왜 그런 실수를 했을까? 그들은 트래픽과 광고를 늘리는 열쇠가 더 많은 콘텐츠를 추가하는 데 있다고 생각했다. 또한 사람들이 웹을 검색하기보다는 웹을 탐색할 것이라고 생각했다.

1998년 페이지와 브린은 구글을 설립했고, 구글은 두 사람을 거절했던 대기업들을 모조리 없애버렸다. 때로는 엄청난 혁신이 우연히 발견되기도 한다. 이 괴짜 학생들은 검색 엔진을 만들려고 시작한 것이 아니었다. 하지만 그들에게는 검색 엔진이 모습을 드러냈을 때 그 잠재력을 알아볼 수 있는 안목이 있었다.

Chapter 46

자포스를 만든
혁신적 기업 문화

토니 셰이는 1973년 일리노이에서 태어났다. 그의 부모님은 대만 출신의 이민자로 대학원에서 만났다. 하버드대학교에서 컴퓨터 공학을 전공한 셰이는 프로그래밍 경연 수상 경력을 가진 팀의 일원이었다. 학교에 다닐 때는 피자집에서 매니저로 아르바이트를 했는데, 그 피자집의 고객이자 자포스Zappos의 CFO 겸 COO가 된 이후 알프레드 린Alfred Lin과 친구가 되었다. 셰이는 학교를 졸업하고 오라클에서 근무했지만 1996년 5개월 만에 회사를 그만두고 광고 네트워크인 링크익스체인지LinkExchange를 공동 설립했다. 배너 광고를 판매하던 이 회사는 급증하는 새로운 웹사이트들의 물결에 편승해 빠르게 성장했다. 마이크로소프트는 1998년 2억 6,500만 달러에 링크익스체인지를 인수했다.

이후 셰이와 친구 알프레드 린은 인큐베이터incubator(신생 기업을 지원하는 사람 또는 조직-옮긴이)이자 투자회사인 벤처 프로그Venture Frogs를 공동 설립했다. 벤처 프로그라는 이름의 회사를 창업해보라는 친구의 제안을 그대로 실천한 결과였다. 벤처 프로그는 질문과 답변 플랫폼인 애스크 지브스Ask Jeeves, 레스토랑 예약 서비스 오픈테이블OpenTable, 온라인 신발 소매업체 자포스 등 다양한 기술 및 인터넷 스타트업에 투자했고, 얼마 후인 2000년에 셰이는 CEO로 자포스에 합류했다.

그는 고객이 신어보지 않은 신발을 구매하는 일을 불안하게 여길 것이라고 생각하고, 고객이 안심하고 편안하게 온라인 쇼핑을 즐기도록 하기 위해 노력했고, 그 방법 중 하나로 무료배송과 무료반품 서비스를 제공했다. 자본이 거의 없는 상태에서 온라인으로 신발을 판매한다는 개념 자체를 시험해보고 싶은 생각으로 시작한 사업이었기에 다양한 종류의 신발을 광고하느라 대부분은 재고가 없는 상태였다. 따라서 고객이 신발을 주문하면 셰이와 직원들이 시내의 상점에 가서 직접 신발을 산 다음 배송했다. 팔 때마다 손해를 보는 상황이었지만, 그 과정에서 그는 온라인에서 신발을 구입하는 사람들의 유형에 대해서 빠르게 배울 수 있었다.

시간이 지나면서 자포스는 보기 드문 고객 서비스로 명성을 얻었다. 셰이는 직원들에게 자율성을 부여하고 최대한 클라이언트들을 돕도록 격려했다. 그리고 그것이 성공적인 방법이라는 것이 입증되었다. 2000년 셰이가 합류할 때 자포스의 총매출은 160만 달러였는데, 2009년에는 매출이 10억 달러로 증가했다. 그 시점에 아마존은 12억 달러에 자포스닷컴Zappos.com을 인수했다. 셰이는 이 매각으로 2억 달러 이상을 벌었지만 CEO로 남아 계속 회사를 이끌었다.

그는 회사의 구조를 완전히 뒤바꿨다. 2013년 자포스는 직원들이 스스로 조직을 구성하는 직함이 없는 회사가 되었고, 그 결과《포춘》이 선정한 가장 일하고 싶은 회사의 목록에 올랐다. 셰이는 직원들이 일터에서 즐거운 시간을 보내는 것이 골칫거리가 아닌 자산이라고 믿었다.

셰이가 자포스에서 개발한 비범한 문화는 채용 절차에서 시작된다. 자포스의 직원 채용과정은 전형적인 채용 절차보다 훨씬 오래 걸리고 복잡하다. 이 회사는 지원자의 약 1퍼센트 정도만을 채용하는데, 정식으로 채용되기까지 이미 자포스에 다니고 있는 여러 직원들을 만나고 다양한 회사 행사에 참석한다. 자포스는 긴 시간을 할애해 지원자가 회사 문화와 잘 맞는지에 중점을 두고 인재를 채용한다.

신입사원은 처음 몇 주 동안은 고객센터에서 전화를 받으며 고객의 니즈에 어떻게 대응하는지를 배운다. 이것은 대단히 유용한 교육이다. 바쁜 시기에는 모든 직원이 고객의 전화에 응대할 수 있어야 하기 때문이다. 신입사원 교육 과정에는 사람들을 만나고 회사에 대해 알아가는 보물찾기 활동이 있다.

신입사원은 교육을 마치면 수평적 사고에서 나온 한 가지 제안을 받는다. 퇴사를 할 경우 3,000달러를 준다는 것이다. 이것은 헌신에 대한 테스트다. 자포스는 일을 좋아하지 않는 사람들을 원치 않는다. 퇴직금 제안을 거절하면 신입직원은 '졸업식'을 치르며 정식 직원으로 인정받고, 이 자리에는 모든 부서가 참석해 환호를 보낸다.

자포스에는 직원들이 직접 쓰고 업데이트하는 사내 문화에 대한 책이 있다. 이 책에는 직원들이 자포스의 문화에 대해 어떻게 느끼는지, 자포스의 문화를 발전시키기 위해 어떤 조치를 취하는지에 대한 내용이 담겨 있다. 이 책은 방문객을 비롯해 원하는 모든 사람에게 제공된다.

이 회사는 야외 식사, 피크닉, 연극 관람 등 직원과 그 가족을 위한 다양한 사교 활동을 지원한다. 관리자는 성과를 평가하기 보다는 문화를 평가를 하고 기술 테스트를 통해 연봉을 인상한다.

콜센터 직원들에게는 상상력을 발휘해 고객에게 서비스를 제공하고 고객을 행복하게 만들 수 있는 자율권이 주어진다. 이런 접근방식이 효과적이라는 것은 매출의 75퍼센트 이상이 재방문 고객으로부터 발생한다는 사실이 잘 보여주고 있다. 회사의 핵심 가치 중 하나는 '모험을 두려워하지 말고, 창의적인 열린 마음을 갖자'다. 자포스 특유의 기풍은 직원들이 이 목표를 달성할 수 있도록 세심하게 구성되어 있으며, 이 회사는 직원들이 창의력을 발휘하도록 격려하고, 실패를 너그럽게 수용하는 것으로 유명하다.

자포스는 이런 접근방식을 아무 대가 없이 공유한다. 토니 셰이는 2010년 자포스의 역사와 문화를 설명하는 책 『딜리버링 해피니스Delivering Happiness』를 내놓았다.[33] 이 책은 《뉴욕타임스》 베스트셀러 1위에 올라 27주 동안 그 자리를 지켰다. 기업 가치관으로 너무 유명해진 나머지 자포스에는 다른 기업의 문화 개선을 돕는 컨설팅 팀까지 존재한다. 이 팀은 '스쿨 오브 와우School of Wow'를 비롯한 리더십 교육 과정을 제공한다.

셰이는 포커 게임을 좋아했고, 포커는 그의 비즈니스 철학에 영향을 미쳤다. 포커를 더 쉽게 즐기기 위해 자포스를 라스베이거스 시내로 옮길 정도로 포커를 좋아했던 그는 《허프포스트HuffPost》의 기사를 통해 자신이 포커에서 배운 몇 가지 비즈니스 교훈을 다음과 같이 이야기했다.

- 강할 때는 약하게 행동하고 약할 때는 강하게 행동하라. 허세를 부려야 하는 때를 알라.
- 테이블 선택은 당신이 할 수 있는 가장 중요한 결정이다.
- 언제나 최악의 시나리오에 대비하라.
- 한 번도 패배하지 않은 사람이 장기적으로 가장 많은 돈을 버는 사람은 아니다.[34]

그는 쇠락한 라스베이거스 다운타운 지역의 대규모 재개발 및 활성화 프로젝트를 계획하면서 2013년 이 프로젝트에 3억 5,000만 달러를 투자할 것을 약속했다. 이 프로젝트는 자포스 직원들이 살고 일할 수 있는 공간을 마련하기 위한 계획으로 시작했지만, 이내 비전이 확장되어 수백 개의 소규모 비즈니스와 기업가들이 번창할 수 있는 환경을 만드는 계획으로 발전했다.

2020년 8월 셰이는 21년 동안 몸담았던 자포스를 떠났고, 안타깝게도 2020년 11월, 코네티컷 주 뉴런던에서 발생한 주택 화재로 부상을 입고 소방관들에 의해 구조되어 병원으로 이송되었지만 47세 생일을 2주 앞두고 사망했다.

셰이는 고객을 놀라게 하고 기쁘게 만드는 많은 기발한 일을 했다. 회사에 뛰어난 서비스와 재미의 문화를 불어넣었으며, 직원들에게 새로운 시도를 할 수 있는 자율권을 부여했다. 그는 수평적 사고를 하는 사람이었고 뛰어난 기업가였다.

Chapter 47

약점을
강점으로 바꿔라

누구나 강점과 약점을 갖고 있다. 사람들도, 나라도, 기업도, 제품도 그렇다. 마음이 열려 있지 않은 사람들은 자신의 결함을 염두에 두지 않지만, 마음이 열려 있는 사람들은 자신의 약점을 냉정하게 평가한다. 성공을 위한 가장 뻔한 방법은 약점을 최소화하거나 그것을 보완하는 요소들을 추가하는 것이다. 그보다 수평적인 접근법은 한계를 강조하면서 그것을 강점으로 바꾸는 것이다.

기네스 생맥주는 다른 생맥주에 비해 따르는 데 많은 시간이 필요하다. 이것은 약점으로 보일 수도 있다. 하지만 기네스의 마케팅 팀은 광고의 초점을 맥주를 따르는 데 걸리는 긴 시간과 사람들의 기대에 두기로 했다. 그들은 '기다리는 자가 좋은 것을 얻는다'라는 슬로건을 사용했다. 이와 마찬가지로 하인즈 케첩은 다른 케첩보다 점성이 높아 잘 따라지지 않는다. 하인즈의 광고와 홍보는 이것을 제품이 우수하다는 증거로 내세우면서 묽은 케첩은 품질이 낮다는 것을 암시하는 광고를 만들었다.

위르겐 클린스만Jürgen Klinsmann은 토트넘 홋스퍼Tottenham Hotspur에서 뛰기 위해 영국으로 건너온 독일 출신의 뛰어난 축구선수다. 그는 처음에는 팬들에게 인기가 없었다. '다이빙diving', 즉 파울을 유발해서 프리킥이나 페널티킥을 얻어내는 방법을 자주 사용하는 것으로 유명했기 때문이다. 그는 이런 평판을 영리하게 뒤집었다. 멋진 골을 성공시킨 후에 마치 경기장으로 다이빙을 하는 것 같은 행동으로 우스꽝스러운 세리머니를 보여주며 자신을 패러디한 것이다. 그 이후 그나 팀원들은 골을 넣으면 모두 다이빙 세리머니를 했고, 팬들은 그런 행동을 그리고 그를 무척 좋아하게 되었다.

많은 기업들이 고객 서비스센터에 전화를 건 고객들이 장시간 기다려야 하는 문제를 안고 있다. 앞서 언급한 신발 회사 자포스는 고객 서비스 상담 전화에 유머러스한 메시지들을 녹음해두어 문제를 전환했다. 또한 매일 다른 직원이 직접 메시지를 녹음해서 자신의 창의력을 발휘할 수 있는 기회를 주었다. 어느 핼러윈에는 이런 목소리가 녹음되어 있었다.

트릭 오어 트리트(trick or treat, 간식을 안 주면 골탕을 먹이겠다는 의미로 핼러윈에 아이들이 사용하는 말—옮긴이)! 내 발 냄새 공격을 받아라! 자포스 고객

서비스팀은 아무도 못 당해낼 걸. 안녕하세요. 저는 제품 정보 지원 팀의 앰버, 저는 킴벌리라고 합니다. 저희가 10월 31일 이 으스스한 날에 오늘의 인사를 전하게 되었습니다.

자포스의 모든 고객 상담 전화는 "자포스의 오늘의 농담을 듣고 싶으시면 4번을 눌러주세요"라는 말로 끝난다. 그러면 두 명의 다른 직원이 농담을 들려준다. 자포스는 고객 상담 전화의 고질적인 문제를 입소문을 타는 마케팅으로 뒤바꾸었다.

피사의 사탑이 유명한 이유는 그것이 가지고 있는 결함 때문이다. 당신 제품에는 어떤 결함이 있는가? 결함의 목록을 만든 후 반대로 이용할 방법을 브레인스토밍 하라. 약점을 강점으로 바꿀 기발한 방법은 없을까?

Chapter 48

주전자의 위치를 옮겨라!

MIT의 알렉스 펜트랜드Alex Pentland 교수는 GPS 위치 측정 기술과 직원 신분증을 결합시켰다. 이로써 마치 땅바닥을 돌아다니는 개미들의 움직임을 지켜보듯이 사무실 내 직원들의 움직임을 관찰할 수 있었다. 그의 책 『사회 물리학Social Physics』에는 그의 연구 결과들이 담겨 있다.[35] 이 책에서 그는 이렇게 말한다. "이메일은 생산성과 창의적인 결과물과는 큰 관련이 없다. 나는 (보통 비공식적인 대면 상호작용을 통한) 다양한 사회적 학습의 기회가 기업 생산성에 가장 큰 영향을 미치는 요인이라는 사실을 발견했다." 그는 계속해서 "대부분의 시간 동안, 대부분의 장소에서, 혁신은 그룹 현상이다. 창의적인 사람들은 돌아다니면서 많은 다양한 사람들로부터 아이디어를 모으고, 다른 사람들과 어울리고, 다른 사람들과 의견을 나눈다"라고 덧붙인다.

샤워 중에 혹은 출근길에 좋은 아이디어가 떠오를 수는 있다. 하지만 그 아이디어를 발전시키고 개선하기 위해서는 동료들과의 직접적인 대화가 필요하다. 한 뮤지션이 어떤 테마를 연주하기 시작하면 다른 멤버가 그것을 받아 다른 방향으로 발전시키는 것과 비슷하다. 따라서 직장에서 직원들이 서로 어울리고, 대화를 나누고, 협력할 수 있는 분위기를 조성해야 한다.

트위터의 유럽 지사 부사장인 브루스 데이즐리Bruce Daisley는 인기 팟캐스트 '잇, 슬립, 워크, 리피트Eat, Sleep, Work, Repeat'의 진행자가 되었고, 2020년에는 『조이 오브 워크The Joy of Work』를 출간했다.[36] 이 책에서 그는 '직장 문화를 교정하고 다시 일과 사랑에 빠지게 도와줄' 30가지 방법에 대해 이야기하는데, 그중 하나는 (앞에서 살펴본) 펜트랜드의 연구를 기반으로 한다. 바로 '주전자를 옮겨라'다. 협력과 혁신을 강화하고자 한다면 정수기, 커피머신, 전기 주전자의 위치에 주의를 기울어야 한다. 두 부서의 협력을 증진하고자 한다면 전기 주전자처럼 함께 사용하는 물건을 두 부서 사이에 놓아두는 것이 좋다. 또한 소파와 같은 긴장을 완화하는 공간을 만들어 비공식적인 토론의 분위기를 조성해야 한다. 집에서 일을 하면서 이메일 커뮤니케이션에 의지하라고 격려하는 것은 혁신과 협력을 막는 일이다.

사무 공간의 스타일, 배치, 장식은 예상하지 못한 방식으로 직원들에게 영향을 줄 수 있다. 연구자 루스 하그Ruth Haag는 둥근 테이블은 긴 토론으로 이어지는 반면 직사각형의 테이블은 빠른 결정으로 이어진다고 주장한다.

의자가 없는 회의는 일반적인 회의보다 3분의 1 정도로 시간이 단축된다는 것은 그리 놀랍지도 않은 사실이다.

연구자들은 회의실 천장의 높이도 회의 결과에 영향을 미칠 수 있다는 것을 발견했다.[37] 높은 천장은 창의적인 사고를 촉진하는 반면, 낮은 천장은 상상력을 억누르고 부자연스러운 방식으로 생각하게 만든다는 것이다. 따라서 효과적인 브레인스토밍을 원한다면 층고가 높은 장소를 택하는 것이 좋다. 벽의 색상도 중요하다. 회색이나 흰색과 같은 중성적인 색상은 에너지와 열의를 가라앉힌다. 텍사스대학교의 인테리어 디자인학과의 학과장인 낸시 퀠렉Nancy Kwallek은 이런 색상들이 보다 많은 오류로 이어진다는 것을 발견했다. 더 나은 벽 색상은 연한 푸른색이나 녹색이다. 이런 색상은 차분함, 평화, 하늘, 바다의 느낌을 준다.[38]

Chapter 49

문제가 아닌
기회에 집중하라

두 그룹의 공대생들에게 비슷한 과제가 주어졌다. 자동차에 매다는 자전거 거치대를 디자인하는 것이었다. 첫 번째 그룹은 형편없이 디자인된 자동차 지붕용 자전거 거치대를 보았다. 그들은 기존 디자인의 모든 문제를 파악한 뒤 더 나은 것을 만드는 작업에 착수했다. 두 번째 그룹은 형편없는 지붕용 거치대를 보지 못한 채 좋은 자전거 거치대를 디자인하라는 지시만을 들었다. 그 결과 두 번째 팀이 훨씬 더 우아하고 효과적인 디자인을 만들었다. 첫 번째 그룹은 기존 디자인의 문제에 집중했고 그것이 사고를 제한했다.

연구자 데이비드 얀손David Jansson과 스티븐 스미스Steven Smith가 진행한 이 연구는 데이비드 니븐David Niven의 책 『나는 왜 똑같은 생각만 할까『It's Not About the Shark』에 등장한다.[39] 원서의 제목은 1974년 무명이던 스티븐 스필버그Steven Spielberg가 영화 〈죠스Jaws〉를 촬영하면서 겪은 문제에서 비롯된 것이다. 영화 대본에는 괴물 상어가 등장하는 장면이 많았는데, 기계로 만든 모형 상어의 기술적 결함이 지속되면서 계속 고장이 났다. 영화 스케줄은 늦어졌고 예산은 초과된 지 오래였다. 문제는 상어가 작동하지 않는다는 것이었다. 스필버그는 수평적인 사고를 했다. 그는 초반에 상어가 등장하는 모든 장면을 제거하고 존 윌리엄스John Wiliams의 테마곡으로 상어의 존재감을 드러냈다. 관객들은 물속에 있는 상어를 상상하는 것만으로도 엄청난 공포감을 느낄 수 있다는 사실을 깨달았다. 비평가와 청중은 이 영화에 극찬을 아끼지 않았고 스필버그는 스타덤에 올랐다.

우리는 문제에 직면했을 때 문제 자체의 특징에 집중하느라, 전체 상황과 그 문제가 제공하는 기회를 보지 못하는 경향이 있다. 문제에 집중하면 더 급진적인 아이디어를 떠올릴 수 있는 가능성은 제한된다. 당신이 사용자의 문제에 집중하는 1950년대의 안경 제조업자라면 더 가벼운 테나 긁힘 방지 렌즈 같은 각양각색의 개선책을 도입했을 것이다. 하지만 안경의 한계에만 집중했다면 고객의 문제에 대한 수평적인 해법을 찾을 기회는 놓쳤을 가능성이 높다. 콘택트렌즈나 레이저 수술은 생각하지 못했을 것이다.

트래비스 칼라닉은 2009년 파리에서 택시를 잡지 못해 고생하면서 이 문제에 대해 생각했다. 대개의 사람들은 '어떻게 하면 더 많은 택시를 공급할 수 있을까?'라는 질문을 던질 것이다. 하지만 그는 택시 부족의 문제를 무시하고 더 큰 그림을 보면서 전혀 다른 질문을 던졌다. '파리의 모든 운전자들이 가진 역량을 이용할 수 있다면? 그들이 돈을 받고 나를 태워줄 수 있다면?' 이런 생각 끝에 그는 우버를 설립했다.

에어비앤비는 브라이언 체스키Brian Chesky, 네이선 블레차르지크Nathan Blecharczyk, 조 게비아Joe Gebbia가 2008년 공동으로 설립한 회사다. 기존의 호텔들이 문제점을 분석해 호텔을 개선하는 데 집중했다면, 이들은 호텔의 문제점을 무시하고 완전히 새로운 시각에서 바라봤다. 그 결과 숙소를 제공하는 사람과 숙소를 찾는 사람을 연결해주는 마켓플레이스를 만들어냈다. 그들은 호텔을 짓지 않았다. 대신 웹사이트와 앱을 만들었다.

모든 문제는 혁신의 기회다. 문제의 세부사항에 휘둘려서는 안 된다. 문제를 우회하고 수평적인 사고를 하라.

Chapter 50

발상의 전환으로 만든
음악 없는 음악

벌프펙Vulfpeck은 미시건 주 앤아버에 기반을 둔 미국의 펑크밴드로, 2011년 잭 스트래튼Jack Stratton에 의해 결성되었다. 이 밴드는 투어를 통해 많지는 않지만 충성도가 높은 팬들을 만나고 싶었다. 문제는 자금이 없다는 점이었다. 이런 문제에 대한 전형적인 접근법은 크라우드펀딩이나 사전 티켓 판매, 음원 판매를 통해 돈을 모으는 것이다. 이 모든 것이 다 어렵다는 결론이 나오자 밴드는 그야말로 미친 듯한 아이디어를 떠올렸다. 음악 스트리밍 사이트로 유명한 스포티파이가 가진 저작권 지급 모형의 허점을 이용하는 방법이었다.

2014년 벌프펙은 「슬리피파이Sleepify」라는 앨범을 발매했다. 여기에는 아무 소리도 나지 않는 약 31초 분량의 10개 트랙이 들어

「슬리피파이」의 트랙 목록

	Sleepify Vulfpeck	
1 Z		0:31
2 Zz		0:31
3 Zzz		0:31
4 Zzzz		0:31
5 Zzzzz		0:31
6 Zzzzzz		0:31
7 Zzzzzzz		0:31
8 Zzzzzzzz		0:31
9 Zzzzzzzzz		0:31
10 Zzzzzzzzzz		0:31

있었다. 이 앨범에는 소리가 없었다! 이들은 앨범을 스포티파이에 올리고 팬들에게 밤새 연속 재생으로 앨범을 스트리밍 해달라고 당부했다. 슬리피파이라는 이름은 잠을 자는 동안 곡을 재생한다는 아이디어를 반영한 것이다. 스포티파이는 30초 이상 재생한 트랙에 대해서 그 아티스트에게 소정의 대가를 지급하며, 광고와 구독을 통해 자금을 조달한다. 팬들은 이 앨범에 열광적인 반응을 보였고, 이 앨범의 곡들은 수십만 회 재생되었다. 벌프펙은 스포티파이로부터 약 2만 달러의 저작권 사용료를 받았고, 2014년 9월 뉴욕부터 샌프란시스코에 이르는 미국 전역의 6개 주요 도시를

순회하는 투어를 진행했다. 입장료는 무료였다. 이 투어의 이름은 '슬리피파이 투어'였고, 이를 통해 밴드는 엄청난 주목을 받고 호감도도 높아졌다.

《가디언》의 팀 존즈Tim Zonze는 이 앨범에 대해 다음과 같이 우스꽝스러운 리뷰를 발표했다. "첫 트랙인 Z는 앨범 전체의 분위기를 결정짓는다. 미묘하면서도 흥미를 돋우는 이 곡 덕분에 사람들은 다음 곡에 대한 기대감을 갖는다. 그 뒤를 잇는 Zz와 Zzz는 가사의 유사한 테마를 따르는 한편 슬리피파이에서 무엇보다 우선시되는 미니멀리즘적 미감에 충실하다."[40]

브라질에서 러시아에 이르는 전 세계 언론이 이 앨범의 혁신적인 로열티 창출 계획을 다루었다. 스포티파이는 "이목을 끄는 영리한 계획"이었다며 이들의 유머에 긍정적인 반응을 보였다. 하지만 7주 후에는 이 앨범의 스트리밍을 중단하고 서비스 약관을 변경했다.

음악이 없는 음악 앨범보다 수평적인 사고가 있을까?

Chapter 51

주목을 받으려면 논란을 일으켜라

오늘날 우리는 온갖 곳에서 오는 메시지 폭격에 노출되어 있다. 때문에 사람들이 메시지에 귀를 기울이도록 만드는 것은 정말 힘들다. 당신의 창의적인 아이디어에 주목하게 하는 수평적인 방식은 터무니없이 도발적인 말을 하는 것이다.

조너선 스위프트Jonathan Swift 목사는 『걸리버 여행기』로 널리 알려진 영국의 풍자 작가이다. 1729년 그는 「겸손한 제안A Modest Proposal」이라는 제목의 에세이를 발표했다. 여기에서 그는 가난한 사람들이 부자들에게 아이들을 팔아 음식으로 이용하게 해야 한다고 주장했다. 그는 이렇게 말했다. "건강한 어린아이는 굽든, 삶든, 볶든 맛있고 영양가 있으며 몸에 좋은 음식이다." 이후 그는 그런 방식의 경제적, 사회적 이점을 나열했다. 많은 사람들이 격분했지만, 이를 진지하게 받아들이는 사람들도 있었다. 에세이의 후반부에 가서야 가난한 사람들의 어려운 처지를 개선하기 위한 개혁 방안이 제시되면서 독자들을 도발하려는 스위프트의 의도가 드러난다.

스위프트의 충격적인 도발은 사람들에게 공감을 얻었고, 그의 제안은 큰 영향력을 발휘했다. 전형적이고 차분한 개혁안이었다면 눈에 띄지 않았을 것이다. 스위프트는 급진적인 변화에 대한 빠른 반응을 원했다. 그는 될지 안 될지를 재지 않고 시도하면서 비판을 무시했다. 그리고 위험을 감수하고 성공을 거뒀다.

2007년 오스트레일리아 뉴사우스웨일스 주의 도로교통국이 시행한 과속 방지 캠페인은 논란의 여지가 있었지만 어쨌든 성공적이었다. 사고와 과속의 위험성을 강조하는 이전의 캠페인들은 거의 효과가 없었다. 새로운 TV 광고 캠페인에서는 과속하는 남성 운전자가 지나갈 때 여성이 등장해 새끼손가락을 흔들었다. 작은 성기를 상징하는 제스처였다.[41] 이 제스처가 유행했고 이 신랄한 캠페인은 많은 상을 수상했다. 이 광고는 현재 유튜브에서 볼 수 있다.

이 광고는 성차별이라는 논란을 낳았지만 대단히 효과적이었다. 젊은 남성의 60퍼센트가 그 광고로 운전 습관에 대해 생각해 보게 되었다고 답할 정도였다. '과속하는 당신을 아무도 대단하게 생각하지 않습니다'라는 메시지가 담긴 이 광고는 오스트레일리아에서 가장 효과적인 광고로 인정받으며 상을 받기도 했다. 또한 자동차 사고 관련 병원비를 2억 6,400만 달러 절감하는 효과를 냈을 뿐 아니라 수많은 생명을 구했다는 찬사를 받았다. 전형적인 접근법이 실패했을 때는 급진적이고 수평적인 접근법을 시도해봐야 할 시점이다. 과속하는 젊은 남성 운전자의 남성성에 도전하는 것 같이 말이다.

사람들은 쉽게 감정적이 되고 대단히 빨리 화를 낸다. 자연히 우리는 논란을 피하려는 경향이 있다. 피해를 주지 않는 정중하고 단조로운 태도를 취하는 것이다. 하지만 메시지의 홍수를 뚫고 우리의 메시지를 전달하려면 사람들을 화나게 하는 것도 하나의 방법이 될 수 있다. 2010년 베팅 업체인 패디 파워Paddy Power는 시각장애를 가진 축구선수들이 방울이 들어 있는 공으로 경기를 하는 모습을 보여주는 TV 광고로 영국 전체를 충격에 빠뜨렸다. 이 광고에서는 목에 방울이 매달린 고양이가 경기장 주변을 돌아다니다가 한 선수가 실수로 이 고양이를 경기장 밖으로 차낸다. 고양이는 나무에 처박히고, '고양이는 되찾을 수 없지만 패디 파워에 배팅한 돈은 되찾을 수 있다'라는 내레이션이 나온다. 시청자들은 이 광고를 두고 엄청난 불만을 쏟아냈다. 불만을 제기한 사람 중에는 고양이를 좋아하는 사람들과 나이 든 여성들이 많았다. 하지만 패디 파워는 개의치 않았다. 표적 시장인 젊은 남성들은 그 광고를 재미있다고 생각했고, 광고가 그들 사이에서 반향을 일으켰기 때문이다.

2013년 영국 전역을 떠들썩하게 한 사건이 있었다. 다양한 식육가공품에서 말고기가 발견된 것이다. 영국인들은 몸서리를 쳤다. 영국에서는 절대 말고기를 먹지 않기 때문이다. 패디 파워는 그 순간을 놓치지 않았다. 오염된 고기 사건을 활용하기 위해 그들은 연례 재무제표와 함께 말고기 레시피를 담은 책자를 발표했다. 그들의 슬로건은 '마굿간에서 테이블로'였다. 대부분의 사람들은 재미있다는 반응을 보였고, 광고의 메시지는 대중에게 성공적으로 전달되었다.

주제가 유머로만 받아들여지지 않고 논란이 되는 경우가 있다. 여기에서는 청중이 누구인지 평가하는 것이 중요하다. 화를 낼 사람이 누구인가? 종교적인 원리주의자나 과격파 독재자들을 자극하는 것은 대단히 위험하다. 하지만 고양이를 좋아하는 나이 든 여성의 신경을 조금 긁는 정도라면 감당할 만한 위험일 수도 있지 않을까?

뻔뻔한 마케팅은 비용이 많이 들지 않는다. 하지만 용기, 창의성, 속도가 필요하다. 이런 마케팅은 큰 파급력을 가져올 수 있고, 당신이 기민하고 대담하다는 메시지를 전달할 수도 있다. 일부 고객을 자극할 수도 있지 않냐고? 물론 그렇다. 하지만 단조로운 마케팅은 아무도 화나게 하지 않는 반면 아무도 기억해주지 않는다.

신랄한 마케팅은 누군가를 자극할 수 있겠지만 기억에 남는다.

아무도 당신 광고에 불평하지 않기를 바란다면 아무도 기억하지 못하는 심심한 광고가 될 수밖에 없다.

우리가 사는 세상에서 주목을 받으려면 뭔가 범상치 않은 일을 해야 한다. 전달해야 할 중요한 메시지가 있다면 위험을 평가한 뒤 유머나 도발을 이용하는 방법을 고려해보라. 뻔한 것은 피하라. 솔직해져라. 논란을 일으켜라. 사람들을 격노하게 만들어라.

Chapter 52

화제를 이용한
대담한 마케팅

2016년 10월 19일 브래드 피트Brad Pitt와 안젤리나 졸리Angelina Jolie가 이혼 발표를 했다. 세계가 주목한 큰 뉴스였다. 72시간이 지난 10월 22일 노르웨이 항공이 런던-LA 노선의 저렴한 항공료를 내세운 새로운 광고를 냈다. 다음과 같은 메시지와 함께.

배우. LA 거주. 막 이혼했음.
뜻이 맞고 유머감각이 있는 여성을 찾습니다.

이후 LA 비행편의 가격 옆에 세 단어로 된 헤드라인을 넣어 인쇄 광고를 배포했다. "브래드는 이제 싱글." 이 재기 넘치는 광고는 입소문을 탔고, 다양한 미디어에서 이 광고를 다뤘다. 《캠페인

Campaign》지와의 인터뷰에서 노르웨이 항공의 마케팅 부문 부사장은 이렇게 말했다. "실시간 마케팅은 우리의 브랜드 개성을 빠르게 보여줄 수 있는 기회를 주었고, 그래서 우리는 '브래드는 이제 싱글'이라는 간단한 표제로 장난스러운 광고를 개발했죠. 대중은 의도한 대로 이 광고를 유머로 받아들였고 덕분에 광고는 입소문을 타게 되었습니다."[42]

2004년 유럽 축구선수권대회 8강전에서 영국과 포르투갈이 맞붙었다. 영국의 솔 캠벨Sol Campbell이 멋진 골을 성공시켰지만, 스위스 출신의 주심 어스 마이어Urs Meier가 득점을 인정하지 않았고 승부차기까지 간 끝에 영국이 패배했다. 영국 팬들은 분노했다. 경기 다음 날 아침 아스다 안경Asda Opticians은 영국에 있는 스위스 국적자들에게 무료 시력 검사를 해준다는 공식 발표를 했다.[43] 화제를 이용한 대담한 홍보였다. 재기 발랄한 몇몇 사람들이 기회를 발견했고, 마케팅 부문의 고위 임원들이 재빨리 이 자극적인 발표를 승인했다. 단 몇 시간 만에 뉴스를 이용한 대담한 마케팅에 착수할 만큼 기민한 기업들은 많지 않다. 보통 그런 결정은 위험을 기피하는 부서들로부터 승인을 받는 긴 과정을 거치기 마련이다.

1998년 4월, 버거킹은 새로운 왼손잡이 햄버거를 출시했고, 《USA 투데이》의 전면 광고를 통해 이 새로운 메뉴를 공개했다. 왼손잡이 와퍼는 왼손잡이인 3,200만 미국인들을 위해서 특별히 고안된 메뉴로, 모든 와퍼 재료와 소스를 180도 회전시켰다. 수천 명의 고객들이 이 제품을 주문하기 위해 버거킹을 찾았고, 다른 고객들은 전통적인 오른손잡이 햄버거를 원한다고 주장했다. 다음 날 버거킹은 왼손잡이 와퍼가 거짓말이라는 보도자료를 배포했다. 이 일로 버거킹은 호감도를 높이고 언론과 대중의 관심을 끌 수 있었다.

앞에서 언급했듯이, 패디 파워는 2013년 말고기 파문이라는 기회를 잡아 말고기 레시피가 담긴 요리책을 내놓았고, 언론은 이 장난에 큰 관심을 보였다.

앞에서도 언급한 것처럼, 화제를 이용한 대담한 마케팅에는 많은 돈이 들지 않지만 용기와 창의성, 속도가 필요하다. 이런 마케팅의 효과는 엄청나며, 당신의 기업이 기민하고 대담하다는 것을 보여줄 수도 있다.

이런 종류의 마케팅은 일부 고객을 자극할 위험이 있지 않느냐고? 물론 그렇다. 모욕을 가하라는 것은 아니다. 라이언 항공이 아닌 이상 말이다. 라이언 항공의 CEO 마이클 오리어리Michael O'Leary 는 《캠페인》에서 이렇게 말했다. "부정적인 홍보는 긍정적인 홍보보다 더 많은 좌석을 판매합니다."[44] 당신의 브랜드가 짓궂은 광고 때문에 오명을 쓰지 않을까 걱정할 필요는 없다. 걱정해야 하는 것은 당신 브랜드가 정보의 홍수 속에서 잊히는 것이다.

마케팅 예산이 넉넉하지 않다면 화제를 이용한 장난을 시도해 보라. 이것은 큰 효과로 이어질 수 있는 수평적 방법이다.

Chapter 53

완전히 다른 분야에서
해법을 찾아라

어떤 분야의 아이디어를 택해 완전히 다른 분야에 적용하는 것은 중요한 수평적 사고 기법으로, 닮은꼴 문제를 찾는 브레인스토밍 방법에서 살펴봤던 것이기도 하다.

아르헨티나의 자동차 정비공인 호르헤 오돈Jorge Odón은 2006년 간단한 장치를 발명해 수백만 명의 엄마와 아기들의 목숨을 구했다. 그는 병 안에 들어간 코르크를 제거하는 비결을 유튜브 영상으로 보여주었다. 병 안에 비닐봉지를 넣고 코르크 주위로 비닐봉지를 부풀린 후 빼내는 방법이었다. 그는 묘안을 떠올렸다. 병에서 코르크를 빼내는 것과 같은 원리로 난산 중인 산모에게서 아기를 꺼낼 수도 있겠다고 생각한 것이다. 그는 아이디어를 개발해 사람들과 논의했지만, 대부분은 그가 미쳤다고 생각했다. 하지만 그는 포기하지 않았다. 그는 이 개념으로 특허를 받았고 세계보건기구의 지지를 얻었다. 그가 개발한 장치는 현재 여러 나라에서 생명을 구하는 데 사용되고 있다. 그는 코르크에서 아이디어를 얻어 의료 문제에 적용했다.

1916년 클래런스 버즈아이Clarence Birdseye라는 미국의 젊은 과학자이자 발명가가 모피 거래를 하기 위해 캐나다로 갔다. 그는 에스키모들이 겨울철에 물고기를 얼음에 얼려 보관하는 것을 보았고, 그 방법을 사용하면 물고기가 상하지 않는다는 것을 알게 되었다. 미국으로 돌아온 그는 이 아이디어를 발전시켰고, 그 과정에서 냉동식품 산업이 시작되었다.

알렉산더 그레이엄 벨Alexander Graham Bell은 인간 귀의 작동원리를 연구했고, 고막 진동판의 아이디어를 적용해 전화기의 진동판을 만들었다.

헨리 포드는 육류 포장 공장에서 조립라인이 사용되는 것을 본 후 이 아이디어를 자동차 제조에 적용해 자동차 산업을 완전히 뒤바꾸었다. 이후 레이 크록Ray Kroc은 자동차 공장에 사용된 이 아이디어를 모방해 맥도날드에 적용함으로써 패스트푸드 사업을 발전시켰다.

헬렌 바넷 디세렌스Helen Barnett Diserens는 멈Mum이라는 데오도란트(신체, 특히 겨드랑이, 발 등의 땀 냄새를 억제하는 제품-옮긴이) 회사에서 일하는 화학자였다. 액체를 바르는 새로운 방법을 찾고 있던 그녀는 볼펜의 아이디어를 모방해 롤온형roll-on(바르는 부분에 구체가 있어서 그것이 돌아가며 액체가 조금씩 나오는 방식-옮긴이) 데오도란트를 만들었다.

덴마크 건축가 예른 웃손은 세계에서 가장 상징적인 건물 중 하나인 시드니 오페라 하우스를 설계한 공로로 건축계 최고 영예인 프리츠커 상을 수상했다. 그가 설계한 오페라 하우스는 범선의 돛을 기반으로 디자인한 것이었다.

1996년 스탠퍼드대학교에 다니던 래리 페이지와 세르게이 그린은 웹페이지의 중요도를 평가할 방법을 찾고 있었다. 그들은 학계로부터 아이디어를 차용했다. 연구 논문의 중요도는 다른 논문에서 얼마나 많이 참조되는지로 측정된다. 두 사람은 당시 인터넷 웹사이트 전체를 스탠퍼드대학교의 서버에 다운로드한 뒤 이 개념을 사용해 각 페이지로 들어오는 링크의 수를 헤아렸다. 그 결과 웹사이트의 순위를 매기고 검색하는 강력한 방법을 발견했고, 이 아이디어를 바탕으로 구글을 설립했다.

수평적 사고는 문제를 해결하는 새로운 방법을 찾는 일이다. 지금 당신이 직면하고 있는 문제는 시대와 환경은 다르지만 과거의 사람들이 직면했던 다른 문제들과 비슷하다. 예술, 엔터테인먼트, 스포츠, 군사, 의학, 교육, 건축 등 다양한 분야에서 비슷한 문제를 찾아보라. 창의적인 아이디어는 무궁무진하며 그중에는 당신이 직면한 문제에 적용할 수 있는 것들도 있다.

Chapter 54

이색 카페의 색다른
비즈니스 모델

카페는 오래전부터 혁신과 수평적 사고의 장소였다. 카페 주인들은 고객을 끌어들이는 새로운 공간을 창조함으로써 자신의 카페를 차별화하기 위해 노력해왔다. 커피와 이발소, 서점, 자전거 수리점, 심지어는 법률 사무소를 결합한 하이브리드 카페들도 많다. 여기에서 혁신적인 비즈니스 모델과 창의적인 환경으로 주목받는 카페의 사례들을 살펴보자.

도쿄 코엔지에 위치한 집필 카페의 창에는 이런 안내가 있다. "이곳은 글을 쓰는 사람들만을 위한 카페입니다." 이 카페에는 다음과 같은 3가지 규칙이 있다.

고객은 우선 집필 프로젝트의 성격, 필요한 글자 수, 마감일을 명확히 밝

혀야 한다.

매시간 주인이 진행상황을 확인한다.

목표에 도달할 때까지는 자리를 뜰 수 없다.

작가들은 플라스틱 칸막이로 구분된 좁은 카운터에 앉아서 차나 커피를 마시면서 노트북으로 작업을 한다. 음악을 비롯해 주의를 흐뜨리는 요소는 없다.

이 카페의 주인 카와이 타쿠야Takuya Kawai는 "우리 가게는 음식이나 고급 원두 같은 것을 취급하지 않습니다. 우리가 제공하는 서비스는 집중입니다"라고 말한다. 이곳은 매우 한정된 인구 집단, 즉 집이나 도서관, 사무실에서 일하고 싶지는 않지만 마감일이 정해져 있는 작가에게 이상적인 장소다.[45]

뉴욕에 있는 미야오 팔러Meow Parlour는 고양이 카페로, 고양이를 좋아하는 사람들이 많은 고양이들과 함께 커피를 마실 수 있다. 고양이를 쓰다듬고 껴안을 수 있고 심지어는 입양할 수도 있다. 이 커피숍은 고양이를 좋아하는 사람들과 고양이들을 위한 다양한 선물들도 판매하고 있다.

런던의 소호에는 마마이트Marmite(이스트 추출물로 만든 스프레드-옮긴이)를 이용한 간식과 커피를 판매하는 팝업 카페가 있다. 이 카페에 도착해 소셜 미디어 프로필을 앱에 입력하면 당신이 긍정적인 사람인지 부정적인 사람인지를 분석한다. 이곳에서는 '정서'를 이용하는 독특한 지불 방법을 사용하는데, 트윗과 게시물이 대체로 긍정적이라면 마마이트 토스트와 커피가 무료로 제공된다. 앱이 냉소적이고, 부정적이고, 불쾌하다는 분석을 내놓으면 당신은 음식 값을 모두 지불해야 한다. 앱은 러브오미터Love-O-Meter(긍정적 정서love를 측정하는 기기meter라는 의미로 만들어낸 말-옮긴이)라고 불리는데, 이 카페에서는 이 앱을 이용하여 소셜 미디어 활동을 많이 하는 친구들 여럿이 누가 긍정적이고 누가 부정적인지를 알아보는 재미있는 경험을 할 수 있다.[46]

치페르블라트Ziferblat 커피숍 체인은 비즈니스 모델을 바꾸어서 시간 단위로 비용을 받으면서 커피와 비스킷을 무료로 제공하고 있다. 고객은 분 단위로 그 카페에서 보낸 시간에 따라 돈을 지불한다. 그들은 자신들을 안티카페anti-café라고 묘사한다. 그들은 빠른 와이파이, 끝없는 차와 커피 리필, 좋은 작업 환경을 제공하며, 시간에 대해서만 요금을 받는다. 이 체인은 러시아에서 시작되었으며, Zifferblatt라는 단어는 독일어와 러시아어로 시계 숫자판이라는 뜻이다.[47]

이스탄불의 월터스 커피 로스터리Walter's Coffee Roaster는 TV 시리즈 〈브레이킹 배드〉에서 영감을 받아 만들어졌다. 화학 실험실을 기반으로 하는 이 카페에서는 그 드라마에 등장하는 많은 것들을 볼 수 있다. 벽에는 커다란 주기율표가 있고 실험용 비이커와 실험용 유리 기구를 커피 머그로 사용한다. 일부 직원은 노란색

점프수트를 입고 있으며 파란색의 가짜 마약을 바른 크리스탈 메스가 필로폰 같은 매우 위험한 마약을 의미하는 것이라서 이렇게 쓰면 주석을 달아주면 안 될 것 같습니다. 그래서 조금 뭉뚱그려서 파란색 마약고 바꾸어주었습니다. 컵케이크를 판매한다. 〈브레이킹 배드〉의 팬들과 주인공 월터 화이트에게 이상적인 곳이라고 할 수 있다.[48]

수평적인 아이디어가 필요한 때라면 카페, 가능하면 자극이 되는 별난 카페를 찾아 천천히 커피를 음미해보자. 당신에게 필요했던 것은 바로 그것일지도 모르는 일이다.

Chapter 55

세상에서 가장 독특한
레스토랑의 비밀

카페와 마찬가지로 레스토랑도 창의성, 혁신, 수평적 사고의 큰 가능성을 제공한다. 진취적인 레스토랑 사업가들은 늘 자신들의 식당을 차별화할 기발한 방법을 찾고 있다. 요리와 메뉴 선정은 물론 위치, 인테리어, 비즈니스 모델에도 갖가지 혁신을 꾀할 수 있다. 여기 두드러지는 몇 가지 예가 있다.

오스트레일리아 시드니의 카렌스 다이너Karen's Diner는 직원들에게 손님에게 무례하게 굴고 형편없는 서비스를 제공하라고 부추긴다. 이에 고객들은 불평을 하고, 화를 터뜨리고, 억눌린 감정을 표출한다. 결국 신나게 말싸움을 하고 맛있게 식사를 한다. 이 식당의 웹사이트에는 "우리는 좋은 서비스를 싫어한다. 이곳은 버거를 가장 재미있게 먹는 곳이 될 것이다"라고 적혀 있다.

스페인 요레트데마르의 재난 카페는 고객들에게 리히터 규모 7.8의 가상 지진을 경험할 기회를 준다. 세계 여러 나라의 손님들이 식사를 하는 동안 산사태가 일어나거나 외계인이 방문한다. 단체로 방문한다면 좋은 경험이 될 것이다.

텍사스 샌안토니오의 마카로니 그릴Macaroni Grill은 주말에는 사람이 많지만 주 초반에는 손님이 거의 없었다. 이 식당의 주인은 매달 월요일과 화요일 중 하루에 음식을 무료로 제공하기로 했다. 하지만 어느 날인지는 공개하지 않았다. 사람들은 "오늘이 그날이에요?"라고 계속 전화를 걸었다. 하지만 식당에 도착해서야 사실을 알 수 있었고, 입소문이 퍼지며 매출이 올랐다.

필리핀 산파블로의 라바신 폭포 레스토랑은 아름다운 천연폭포 안에 만들어져 있다. 손님들은 맨발로 식탁에 앉아 발과 발목 주위로 물이 흐르는 가운데에서 독특한 경험을 할 수 있다.

독일 뉘른베르크의 스바거스S'Baggers는 세계 최초, 세계 유일의 롤러코스터 레스토랑이라고 주장한다. 서비스를 하는 직원은 없으며, 제공된 태블릿으로 주문을 하면 음식이 나선형 금속 트랙을 따라 미끄러져 테이블에 올라온다.

태국의 소네바 키리 에코에 위치한 버드 네스트 레스토랑Bird's Nest Restaurant은 테이블이 새 둥지 모양으로 만들어져 있다. 이 둥지는 지상에서 약 16피트(약 4.9미터) 높이의 나무에 있으며, 웨이터는 특수 제작된 집라인을 이용해 음식과 음료를 서비스한다.

몰디브의 이타 레스토랑Ithaa restaurant은 정반대의 접근법을 택하고 있다. 이 레스토랑은 해저 16피트(약 4.9미터)의 바닷속에 유리돔으로 만들어져 있어 손님들은 열대어에 둘러싸여 식사를 즐길 수 있다. 세계 최초의 통유리 해저 레스토랑이라 주장하는 이 식당은《뉴욕 데일리 뉴스》에서 '세계에서 가장 아름다운 레스토랑'으로 선정되었다.

네덜란드 암스테르담의 킨더쿡카페Kinderkookcafe는 모든 직원이 13세 미만의 어린이다. 아이들이 음식을 준비하고 조리해 테이블에 서비스하고 돈을 받으며, 부모는 자녀가 만든 음식을 즐길 수 있다. 누구나 환영하지만 학교 수업이 있는 날에는 열지 않는다!

Chapter 56

새로운 조합에서 탄생한
독창적 아이디어

인터넷에서 '이상한 음식 조합'을 검색하면 수백 개의 결과가 나온다. 다양한 음식의 이상한 조합은 블로거와 영상 제작자들의 단골 소재인 것 같다. 그들이 시도해보라고 추천하는 몇 가지 음식의 조합은 다음과 같다.

베이컨과 초콜릿

감자튀김과 아이스크림

땅콩버터와 피클

살라미와 포도

초콜릿과 치즈 피자

바닐라 아이스크림과 간장

이들은 오랫동안 존재해온 현상인 아이디어 결합의 현대적인 사례라고 할 수 있다. 대부분의 혁신은 완전히 새로운 것이 아니라, 기존 아이디어를 새로운 방식으로 조합하거나 각색한 것이다.

역사상 가장 위대한 발명품이라는 타이틀을 두고 경쟁하는 가장 강력한 후보들 중 하나는 1450년 스트라스부르에서 요하네스 구텐베르크Johannes Gutenberg가 만든 활판인쇄기다. 이 발명품이 나오기 전에는 손으로 베끼거나 나무판을 이용하여 인쇄를 하는 것이 전부였다. 하지만 구텐베르크는 2가지 아이디어를 결합해 이동식 활자로 인쇄하는 방법을 발명했다. 그는 동전 제조기의 융통성과 포도주 짜는 기구의 힘을 결합했다. 그의 발명은 서구세계에서 지식과 아이디어가 확산되는 데 큰 영향을 미쳤을 뿐만 아니라 종교개혁, 르네상스, 과학혁명의 원동력이 되었다.

1972년 US 러기지US Luggage라는 회사의 소유주 버나드 새도Bernard Sadow가 바퀴 달린 여행 가방에 대한 미국 특허를 취득했다. 그는 여행 가방에 끈과 4개의 바퀴를 부착한 뒤 메이시스 백화점을 설득해 제품을 진열하게 했다. 처음에는 그 아이디어에 대한 저항이 있었다. 남성이 여행 가방을 들지 않고 바퀴로 굴리는 것이 남자답지 못하다고 생각했기 때문이다. 하지만 오늘날에는 오히려 바퀴가 없는 여행 가방을 찾아보기 힘들다. 여행 가방에 부착한다면 어떻게 될까? 고객에게 더 나은 제품과 서비스를 제공하기 위해 무엇을 추가할 수 있을까?

주요 제품과 서비스를 다양한 이질적 개념과 결합해서 어떤 결과가 나오는지 지켜보라. 레고는 장난감과 경영 교육을 결합함으로써 경영진이 레고 블록을 사용해 비즈니스 모델을 구축하는 새로운 기업 전략 기법을 고안했다. 로레알은 제약과 패션을 결합해 독특하고 성공적인 전략을 개척했다.

제품 하나를 택해 그것을 작동시키는 터무니없는 방법을 생각해보자. 영국의 발명가 트레버 베일리스Trevor Baylis는 태엽장치를 이용한 라디오를 구상했다. 이상한 조합이 아닌가! 라디오는 전기를 필요로 하고 태엽장치는 기계적인 방식이다. 물론 배터리나 전기가 라디오에 동력을 공급하는 더 좋은 방법이다. 하지만 개발도상국의 경우 배터리가 비싸고 전기는 항상 공급되지 않는다. 베일리스는 사람들이 손으로 감아 사용할 수 있는 라디오를 만들었고, 이 라디오는 지구상 많은 극빈 지역에서 정보를 얻을 수 있는 가능성을 크게 높였다.

파트너 조합에도 같은 프로세스를 적용할 수 있다. 다양한 개인과 조직이 함께 일하는 조합을 생각해볼 수 있다. 서로 다른 기술의 결합은 시장에 대한 독창적인 접근법으로 이어질 수 있다. 여기 몇 가지 사례를 살펴보자

- 레고 그룹과 리바이스가 제휴해 후드티셔츠, 청바지, 재킷, 모자, 티셔츠를 비롯한 컬렉션을 만들었다. 각 제품에는 레고 조각을 끼울 수 있

는 패치가 달려 있다.

- 파바로티는 아일랜드 록밴드 U2와 함께 공연을 했다. 두 사람은 다른 음악 장르에는 관심이 없는 이질적인 청중을 하나로 모았다. 마찬가지로 영국의 팝스타 에드 시런은 안드레아 보첼리와 같은 무대에 섰다.
- 메르세데스 벤츠와 스와치가 만나 혁신적인 스마트카를 만들었다. 고급 자동차 제조업체와 패션 시계 제조업체가 지금까지의 그 어떤 자동차보다 혁신적인 타운카를 만든 것이다.
- 2020년 구찌와 디즈니는 미키 마우스를 테마로 티셔츠, 항공 재킷, 가방, 액세서리 등의 컬렉션을 제작하겠다고 발표했다.

거의 모든 새로운 아이디어는 다른 아이디어들을 합성한 것이다. 따라서 아이디어를 창출하는 좋은 방법은 조합의 가능성을 공략하는 것이다. 팀원들과 모여 기존 제품을 완전히 다른 제품들과 결합시킬 방법에 대해 브레인스토밍을 해보자. 생각을 극단까지 밀어붙여서 핵심 개념을 임의의 제품, 서비스, 장소, 인물 등과 결합해보는 것이다. 조합이 기이할수록 더 독창적인 아이디어를 이끌어낼 수 있을 것이다.

고객이 제품이나 서비스를 어떻게 사용하는지 연구해보자. 고객들이 당신의 제품을 다른 제품과 함께 사용한다면, 더 쉽게 당신의 제품을 사용할 수 있는 조합을 만들어보자. 진과 토닉을 미리 섞어 혁신을 일으킨 음료 회사처럼.

Chapter 57

위험 회피형
상사 대처법

수평적 사고를 하는 사람들이 직장에서 흔히 만나는 장애물은 새로운 아이디어에 관심이 전혀 없는 상사다. 그들은 늘 해오던 방식으로 일을 하는 데 초점을 맞추며 새로운 시도를 좋아하지 않는다. 이런 상황에서 당신이 할 수 있는 일은 무엇일까? 이런 경우에 도움이 될 만한 몇 가지 방법을 살펴보자.

그들의 목표와 동기를 이해한다

새로운 아이디어를 받아들이게 만드는 것은 새로운 제품을 판매하는 것과 같다. 고객의 니즈, 동인, 우선사항을 이해해야 한다. 상사가 가장 민감하게 생각하는 문제는 무엇인가? 그들이 정말 염려하는 사안은 무엇인가? 그들에게 동기를 부여하는 것은 자부심, 자존심, 돈, 출세, 권력, 인정인가, 아니면 편하게 사는 것인가? 그들의 목표와 동기를 발견할 수 있다면 그들의 목표를 공략하는 방식으로 아이디어를 제시할 수 있을 것이다. 아이디어의 결과가 상사에게 도움이 된다는 점을 강조하라.

그들의 의사결정 스타일을 이해한다

당신의 상사가 어떤 방식으로 결정을 내리는지 생각해보자. 수, 신뢰하는 출처, 다른 곳의 증거, 위험 회피, 논리, 정서를 선호하는가? 빨리 결정을 내리는가? 아니면 한동안 곱씹는 것을 좋아하는가?

아이디어를 조직의 목표와 일치시킨다

자신의 아이디어가 조직의 기존 목표에 부합한다는 것을 보여줄 수 있다면 도움이 될 것이다. 그 제안이 어떻게 조직에 더 큰 이익을 가져다줄 수 있는지 명확하게 보여준다.

적당한 때를 선택한다

좋은 아이디어가 있다면, 정신없이 바쁜 날이 끝날 즈음 상사의 사무실에 불쑥 들어가 듣고 싶지 않은 사람을 붙들고 늘어져서는 안 된다. 그런 상황이라면 부정적인 답을 들을 확률이 높다. 중요한 사안을 논의할 시간을 청하고 다음과 같이 새로운 아이디어로 얻을 수 있는 이익에 대해 언급하라. '내일 아침 다른 일을 하시기 전에 20분만 시간을 내주실 수 있을까요? 부서의 생산성을 높일 아이디어 하나를 검토해주셨으면 합니다.' 당장 아이디어를 이야기해서는 안 된다. 아이디어를 적절히 공개하기 위해서는 상사가 온전히 관심을 쏟게 만들어야 한다.

위기의식을 공략한다

아이디어의 이점을 납득시키고 그것이 상사의 니즈와 우선사항에 부합하도록 한다. 당신이 위험, 비용, 단점을 이미 고려했다는 것을 보여준다. 상사가 위험 회피형이라면, '이 기회를 지금 잡지 못한다면, 다른 부서가 앞서 가서 우위를 점할 것입니다'와 같이 아이디어를 실행하지 않을 때의 위험을 강조한다.

승인을 구하지 말고 조언을 요청한다

어떤 상사의 경우에는 완전히 체계가 잡힌 계획을 제시하는 것보다 개념만 소개하고 그들의 조언을 구하는 것을 더 좋아한다. 검토와 승인보다 토론을 통해 계획을 만들어가는 것을 좋아하는 사람이라면 이 방법을 사용하라. 이럴 경우 상사가 자신의 방식으로 아이디어를 수정한 다음 자신의 공이라고 주장할 수 있을 것이다. 그런 경우에도 당신은 그 아이디어가 자신으로부터 나왔다는 조용한 만족감을 얻을 수 있다.

지지자 연합을 구축한다

어떤 아이디어의 경우에는 승인을 요청하기 전에 지지 기반을 만들어놓는 것이 좋다. 아이디어를 끝까지 밀고나가기 위해 당신 편으로 만들어야 할 사람은 누구인가? 그들과 먼저 대화를 나눈 후에 다음과 같이 보고하면 도움이 될 수 있다. 'IT 부서의 베티, 인사 팀의 밥에게 미리 확인을 했고 그들은 승인만 받는다면 자원을 제공할 수 있다고 말했습니다.'

회사의 제안 제도를 이용한다

상사가 관심을 보이지 않는다면 (그리고 아마도 영원히 그럴 것 같다면) 공식적인 제안 제도를 이용해볼 수 있다. 평가관은 아이디어의 가치를 알아볼 것이다. 제안 제도에 등록이 된다는 것은 공개적인 논의의 기회를 갖게 된다는 것을 의미한다.

혼자서 추진한다

자기 혼자서 일을 추진하는 것은 궁극의 자신감과 호기를 보여주는 행동이다. 하지만 혼자 '비밀' 프로젝트로 진행한 뒤 시연을 통해 지지를 구하는 것도 하나의 방법이 될 수 있다. 아이디어를 기정 사실인 것처럼 발표하고 사전 승인이 필요하다는 개념은 과감히 무시한다.

그만둔다

직장을 떠나는 것이 아니라 상사를 떠난다는 말이 있다. 상사가 당신 삶을 끔찍하게 만든다면 다른 곳으로 가라. 승진을 해서 이동을 한다면 좋겠지만 수평적 사고를 하는 사람이라면 같은 직책으로 이동하는 것도 상관없다. 중간 관리자가 혁신을 가로막는다는 증거들이 많이 있다. 따라서 아이디어의 성공을 바란다면 승인을 얻을 수 있는 영리한 방법이 필요하다. 계속 노력하라. 당신 조직은 혁신가를 필요로 한다!

Chapter 58

아이디어 뱅크로
인정받는 방법

수평적 사고를 하는 당신은 아이디어의 매개, 다른 사람의 문제에 대해 신선한 아이디어를 찾고, 모으고, 소통하는 사람이 됨으로써 직장에서의 성공 가능성을 높일 수 있다. 사무실에서 일하는 사람이라면 동료나 상사, 부하직원에게 이런 사람이 될 수 있다. 컨설턴트나 영업사원이라면 고객에게 이런 사람이 될 수 있다. 구매자라면 공급업자들에게 이런 사람이 될 수 있다. 어떤 경우든 다른 사람의 문제 해결을 도움으로써 관계를 탄탄히 할 수 있다.

영업 분야에서 일을 하고 있다고 가정해보자. 가장 중요한 고객을 생각해보라. 그들의 일에서 가장 시급한 과제는 무엇인가? 그들이 잠을 설치게 만드는 걱정과 우선사항은 무엇인가? 그들에게 제품을 팔아야 한다는 생각은 잠깐 잊어라. 대신 그들이 가지고 있는 문제와 사안에 집중하는 것이다. 다른 일을 하면서 그들에게 도움이 될 만한 아이디어를 찾아보라. 동료나 다른 고객과 대화를 하거나, 자료를 찾다가 그들에게 도움이 될 만한 내용을 발견했다면, 자신이 찾은 내용을 상대에게 이메일로 보내보자. 잡지 스크랩을 '이전에 이야기했던 문제에 대해서 생각하다가 도움이 될 만한 이런 아이디어를 발견했어요'라는 메모와 함께 전달할 수도 있다. 고객은 다양한 이유에서 그 아이디어를 택하거나 버리겠지만, 제안을 하는 행동 자체가 당신에게 도움이 될 것이다. 첫째, 그 제안은 당신을 떠올리게 한다. 둘째, 당신이 오로지 당신 제품을 판매하는 것에만 관심이 있는 것이 아니라 그들의 문제를 해결하는 데에도 관심을 갖고 있다는 것을 보여준다. 셋째, '그 아이디어가 유용했나요?'라고 물어보며 전화를 할 좋은 이유를 만들어준다. 회사의 다른 부서장에게 아이디어를 제공할 때에도 비슷한 방법을 적용해보자. 그러면 당신의 인지도를 높이고 당신이 건설적이고 도움이 되는 유형의 사람이라는 것을 보여줄 수 있으며, 당신의 이미지와 경력에도 도움이 될 것이다.

이처럼 아이디어 뱅크가 되기 위해서는 다음의 3가지가 필요하다.

- 다른 사람들이 직면한 문제에 대한 관심. 영리하고 세심한 질문을 통해 다른 사람들이 가지고 있는 문제들을 찾을 수 있다. 대개의 사람들

은 자신이 직면한 비즈니스 문제를 기꺼이 털어놓는다.

- 호기심과 열린 마음. 일을 하는 새로운 방식과 참신한 아이디어를 찾기 위해 항상 세심히 살펴야 한다.
- 아이디어를 내놓고, 상황에 따라 조정하고, 긍정적인 방식으로 전달하려는 자발성

항상 제안과 참신한 아이디어가 준비되어 있는 사람으로 알려져야 한다. 다음 3가지를 조합해 평판을 높여라. 첫째, 당신이 만나는 주요 인물들의 니즈에 대한 이해. 둘째, 업계에 관한 지식과 다른 사람들과의 인맥. 셋째, 상상력, 수평적 사고, 연관성을 발견하는 능력이다. 이 3가지를 조합한다면 나만의 고유한 아이디어를 만들어낼 수 있다. 당신만의 혁신적인 아이디어를 이곳저곳으로 전달함으로써 고객을 돕고, 인맥을 만들고, 경력을 발전시켜라.

Chapter 59

미래의 뉴스를 상상하고
준비하라

리더를 위한 수평적 사고 기법은 시간을 앞서가는 것이다. 중요한 변화, 큰 계획, 새로운 제품 출시 등 정말로 혁신적인 어떤 것을 계획하고 있다면, 미래의 뉴스 스토리를 적어보자. 그 프로젝트가 엄청난 성공을 거두었다고 상상하는 것이다. 주요 언론사의 기자가 이 소식을 전하고 있다고 생각하고, 그 보도 내용을 적어보자. 다음의 내용이 반드시 포함되어야 한다.

얼마나 예상을 벗어난 성공인가?

그것이 사람들에게 얼마나 큰 혜택을 주는가?

열성 사용자의 의견은 어떠한가?

초기에 사람들이 강하게 반대한 이유는 무엇이며, 그들을 어떻게 설득했는가?

그 과정에서 직면해 극복했던 기술적, 물류적 어려움은 무엇이었는가?

그 아이디어가 현재 어떻게 채택, 복제, 발전되고 있는가?

보고서를 작성한 뒤 팀원이나 프로젝트를 함께 진행하는 사람들과 공유하라. 보고서의 내용은 무엇보다 재미있고 도발적이어야한다. 더 중요한 것은 생각하고 있는 계획을 실현할 때 얻을 수 있는 이익을 최대화하고 극복해야 하는 문제에 집중하는 데 도움이되어야 한다는 점이다. 이 보고서는 유익한 토론의 기반이 되고관련된 모든 사람에게 의욕을 불어넣을 것이다.

2001년 앤 멀케이Anne Mulcahy가 제록스의 CEO가 되었을 때 많은 사람이 충격을 받았다. 심지어 멀케이 자신도 놀랐을 정도였다.주로 영업과 인사 분야에서 일했던 그녀는 이전에 회사를 경영해본 적이 없었고 재무에 관해서도 경험이 거의 없었다. 제록스는 재정적으로 큰 문제에 직면해 있었고, 그녀가 CEO가 되었다는 소식에 주가는 15퍼센트나 떨어졌다. 금융 시장은 그녀가 휘청거리는 이 대기업의 상황을 역전시킬 능력을 갖고 있다고 생각하지 않았다.

산더미 같은 부채가 있던 상황이었고 사람들은 파산 신청을하라고 조언했다. 하지만 그녀는 그 대신 극적인 회생 계획을 만들고 실행에 옮겼다. 자본 지출은 절반으로, 일반 경비는 3분의

1로 줄였다. 하지만 연구개발비를 줄이라는 조언은 무시했다. 그녀는 혁신에 투자했다. 수익성이 낮은 사업 부문을 매각하고, 2만 8,000개의 일자리를 없애고, 일반 관리비를 삭감했지만, 영업과 연구개발에는 손을 대지 않았다. 이런 방법으로 그녀는 회사를 구해 냈다.

그녀는 이 고통스러운 과정 내내 소통에 역점을 두었다. 그녀는 제록스의 미래에 대한 비전을 적극적으로 알리기 위해 2005년의 제록스에 대해 설명하는 가상의 《월스트리트 저널》 기사를 작성했다. 멀케이는 이렇게 말했다. "우리는 이루고자 하는 바를 마치 이미 이룬 것처럼 묘사했습니다. 성과 지표와 월스트리트 애널리스트의 언급까지 포함시켰죠. 그것은 우리 회사가 어떤 회사가 되기를 바라는지에 대한 우리의 비전이었습니다." 이 기사는 모든 직원에게 전송되었고, 직원들은 회사가 어디로 나아가지고 있는지 이해하게 되었다.[49]

회사의 재건은 구조조정과 혁신적인 제품 및 서비스 도입을 기반으로 했다. 2008년 멀케이는 《치프 이규제큐티브Chief Executive》가 선정하는 올해의 CEO가 되었다.

그 정반대의 접근법은 실패를 예상하는 것이다. 이 방법은 시간 여행을 통한 사전 부검이라 할 수 있다. 사후 부검은 사망 원인을 확인하기 위한 것이지만, 사전 부검에서는 원인을 예측할 수 있다. 중요한 계약을 위한 입찰을 진행하고 있다고 가정해보자. 퇴근 시간이 다 되어서 팀원들을 소집한 후에 '방금 클라이언트로부터 전화를 받았다. 우리가 계약을 따내지 못했다고 하는데 이유는 말해주지 않았다'라고 말해보라. 이후 사람들에게 계약이 성사되지 못한 이유가 뭐라고 생각하는지 묻는다. 팀원들은 이전에는 생각하지 못했던 다양한 문제들을 떠올릴 것이다. 이제 그 문제들의 우선순위를 정하고 제안서를 개선하는 데 이용한다. 이 엉큼한 방법은 대규모 프로젝트를 진행하거나 계획을 변경할 때에도 효과적이다. 프로젝트가 실패했다고 상상한 후 잘못되었을 수 있는 모든 사항을 떠올려보는 것이다. 그러면 문제와 장애를 예상하고 대응하는 데 도움이 된다.

현재에 머물지 말고 미래로 향할 준비를 하라.

Chapter 60

'알겠어요. 그렇지만……' 이라는 대답은 금지

수평적 사고를 하는 사람들은 항상 호기심을 갖는다. 그들은 새로운 아이디어가 완벽한 모습으로 나타나는 것이 아님을 알기 때문에 거부하기보다는 탐구한다.

나는 창의적 리더십 워크숍에서 종종 이런 활동을 한다. 두 명씩 짝을 지어 짧은 대화를 나누게 한다. 첫 번째 대화에서 한 사람이 고객을 위해 할 수 있는 새로운 제안을 한다. 두 번째 사람이 반대하는 답을 한다. 답변은 '알겠어요. 그렇지만 ……'으로 시작한다. 이후 다시 첫 번째 사람이 '알겠어요. 그렇지만 ……'으로 시작해 상대의 의견을 반박한다. 대화를 이어가되 모든 문장을 '알겠어요. 그렇지만 ……'으로 시작한다. 몇 분 후 대화를 멈추고 두 번째 대화를 시작한다. 한 사람이 직원을 위해 할 수 있는 새로운 어떤 것을 제안한다. 두 번째 사람은 '알겠어요. 그리고 ……'로 시작해 아이디어를 추가한다. 그런 다음 첫 번째 사람이 다시 '알겠어요. 그리고 ……'로 시작해 대답한다. 이런 식으로 대화를 계속한다. 첫 번째 대화에서는 첫 번째 문장 뒤에 오는 모든 문장을 '알겠어요. 그렇지만 ……'으로 시작하고, 두 번째 대화에서는 첫 번째 문장 뒤에 오는 모든 문장을 '알겠어요. 그리고 ……'로 시작한다. 보통 첫 번째 대화는 합의가 없는 논쟁이 되어버린다. 비즈니스 환경에서라면 권력을 가진 사람이 승리한다. 두 번째 대화는 갖가지 창의적이고 특이한 방향으로 이어지면서 재미있고 흥미로운 아이디어가 등장한다.

이후 나는 대표자들에게 그들 조직 내에 어떤 대화 유형이 더 흔한지 물었다. 그러자 예외 없이 '알겠어요. 그렇지만 ……'이라는 답이 돌아왔다. '알겠어요. 그렇지만 ……'이라고 하는 것은 사실 '아니오'라고 말하는 것과 다름없고, 이는 사무실에서 참신한 아이디어가 일반적으로 접하게 되는 부정적인 반응이다. 아인슈타인은 정말 훌륭한 아이디어들은 모두 처음에는 터무니없어 보인다고 말했다. 색다르고 급진적인 아이디어일수록 결점을 찾기가 더 쉽다. 사람들은 그 아이디어의 명백한 결점을 지적함으로써 자신이 얼마나 영리한지 과시한다. 다음은 창의적인 제안에 대해서 나오는 일반적인 반응이다.

알겠어요, 그렇지만 비용이 너무 많이 듭니다.

알겠어요, 그렇지만 상사가 절대 동의하지 않을 겁니다.

알겠어요, 그렇지만 당장은 너무 바쁩니다.

알겠어요, 그렇지만 작년에 비슷한 것을 시도했을 때 효과를 보지 못했습니다.

반면에 '알겠어요. 그리고 ……'라고 말하는 것은 그 아이디어를 여러모로 찔러보면서 가능성을 탐색하기 시작하는 것이다. '알겠어요. 그리고 ……'는 즉각적인 승인의 의미가 아니다. 그것은 어떻게 되는지 지켜보자는 의미다.

아마존은 CEO 제프 베조스가 '제도적 예스The Institutional Yes'라고 부르는 것을 실천함으로써 반사적인 부정적 반응의 문제를 해결했다. 아마존의 관리자가 제안을 들고 찾아오는 직원에게 하는 첫 대답은 반드시 '예스'여야 한다. '노'라고 말하고 싶다면 그 아이디어를 거부하는 이유에 대한 보고서를 작성해야 한다. '노'보다 '예스'를 훨씬 말하기 쉽게 만든 것이다.

늘 '알겠어요. 그렇지만 ……'이라고 대답하고 있었다면, 이제 '알겠어요. 그리고 ……'라고 말하도록 노력해보자. 이상한 아이디어라고 바로 거부하는 대신 탐색을 통해 비즈니스에 조용한 혁명을 일으켜보자.

Chapter 61

창의적이고 혁신적인
비즈니스의 기본

모든 좋은 아이디어가 추상적인 개념으로 남아 있다면 제아무리 좋은 수평적인 사고도 아무 소용이 없다. 세상을 바꾸고 싶다면 아이디어를 행동에 옮겨야 한다.

거대한 조직을 생각해보라. 당신도 그런 조직에서 일하고 있을지 모르겠다. 내가 이 조직의 리더에게 '직원들이 고객의 니즈를 충족시키는 더 나은 방법으로 자신의 아이디어를 시도하는 것에 대해 어떻게 생각하십니까?'라고 묻는다면 어떤 답을 듣게 될까?

대부분의 리더들은 긍정적으로 대답할 것이다. 그리고 아마도 '합당한 범위에서'라는 신중한 말이 따라올 것이다. 그들은 직원들이 일을 하는 새롭고 더 나은 방식을 찾으려 주도적으로 노력하는 모습을 보고 싶을 것이다. 그들은 진정으로 혁신적인 조직을 원한다면 직원들이 적합하다고 생각하는 때에 새로운 일을 시도할 수 있도록 구속을 없애고 자율권을 부여해야 한다는 것을 잘 알고 있다. 이는 직원들이 주도권을 잡고 자신들이 책임진 영역에서 새로운 것들을 시도하도록 격려한다는 의미다. 실제로 많은 기업에서 이를 위한 제도를 운영하기도 한다. 가령 페이스북은 일정한 조건 하에 프로그래머들이 실제 사이트에 실험을 하도록 허용한다. 대부분의 CEO들은 이 점을 이해하고 있다. 그들은 혁신의 필요를 자각하고 있고, 변화의 속도에 불만을 갖고 있다. 그들은 기민한 조직을 만들고 기업가적 활동을 확대하기 위한 더 많은 실험을 원한다.

이제 이 질문을 생각해보자. '직원들에게 자신의 아이디어를 시도할 자율권이 주어져 있는가?'

이 질문에 대해서는 흥미롭고 다양한 답변을 얻을 수 있을 것이다. 리더들은 대개 그 답을 '예스'라고 생각한다. 하지만 같은 조직의 하급자들은 '아니오. 그들은 맡은 일을 부지런히 하기를 기대할 뿐, 실패할 수도 있는 새로운 시도를 하는 것은 위험하다고 생각합니다'라는 식의 부정적인 대답을 할 것이다. 직원들은 조직이 실험을 하거나 위험을 감수하는 것을 권장하지 않는다고 생각한다. 그들은 뭔가를 시도했다가 크게 실패해 경력이 끝난 사람들의 이야기를 들어보았을 것이다. 물론 잘못된 인식일 수도 있다. 하지만 기업 문화에서라면 사람들의 인식이 곧 현실이다.

우리 모두가 실험이 위대한 혁신으로 이어질 수 있다는 것을 알고 있다. 인텔의 테드 호프Ted Hoff는 상사가 말도 안 되는 그의 아이디어를 시도하도록 허용해준 덕분에 마이크로프로세서를 발명할 수 있었다. 토머스 에디슨은 수만 번의 실험을 진행한 것으로 유명하다. 호르헤 오돈은 실험을 통해 출산을 돕는 새로운 방법을 찾았다. 폴 맥크레디는 비행과 추락, 수정을 거듭한 끝에 최초의 효과적인 인간 동력 비행기를 만들었다.

어떤 의미에서 볼 때 대부분의 실험은 실패한다. 하지만 그 과정에서 이전에는 몰랐던 것들을 배울 수 있다. 다음은 실험과 사고의 결과로 성공한 제품들의 목록이다.

콘플레이크

비아그라

코카콜라

자쿠지

전자레인지

사카린

플레이도Play-Doh(어린이들이 미술 공예에 사용하는 점토의 브랜드. 밀가루와 소금을 재료로 한다-옮긴이)

감자 칩

페니실린

초콜릿 칩 쿠키

슬링키Slinky(촘촘하며 탄력이 있는 용수철과 유사한 장난감-옮긴이)

심박 조율기

잉크젯 프린터

포스트잇 메모지

문자 메시지

어떻게 하면 건설적인 실험을 장려하는 분위기를 만들 수 있을까? 첫째, 사람들에게 광범위한 목표를 제시하라. 수단이 아닌 목적을 정의하는 것이다. 둘째, 사람들에게 실험에 대한 자율권을 부여하라. 이를 위해 상사는 직원들의 계획을 평가하고 시간과 공간을 마련해줘야 한다. 셋째, 직원들이 경험을 공유하도록 장려하여 '실패'를 배움의 기회로 삼아라. 넷째, 위험에 대한 태도를 바꾸어라. 위험을 최소화하지 말고 관리하라.

민첩하고 창의적이며 혁신적인 비즈니스를 원한다면 모토는 '실험하고, 실험하고, 또 실험하라'가 되어야 한다.

Chapter 62

실패가 없으면
성공도 없다

앞에서 언급했듯이, 실험에는 실패가 따르기 마련이며, 많은 위대한 혁신은 '실패한' 실험에서 비롯되었다. 하지만 '실패'라는 단어는 많은 부정적인 의미를 함축하고 있다. 우리 사회에서는 성공에만 박수를 보내고 실패는 무시한다. 수평적 사고를 하는 사람은 이런 관념을 뒤집어야 한다. 실패는 환영하고 성공을 경계해야 한다. 실패는 새로운 아이디어를 탐색하고 시도하는 데 필수적인 부분인 반면, 성공은 자만, 자기만족, 위험 회피를 낳을 수 있다.

라파엘 나달Rafael Nadal과 같은 훌륭한 테니스 선수들이 더블폴트double fault(서브에 두 번 다 실패해 실점하는 것-옮긴이)를 범하는 이유는 무엇일까? 모든 더블 폴트는 실패다. 상대에게 점수를 내주기 때문이다. 두 번째 서브의 속도를 늦춰 서비스 박스에 확실히 들어가도록 하면 더블 폴트를 쉽게 줄일 수 있다. 하지만 대부분의 긴 경기에서 나달은 다른 정상급 선수들과 마찬가지로 4번 이상의 더블 폴트를 기록했다.

테니스 챔피언인 나달은 세컨드 서브를 대담하게 넣는 것과 신중하게 넣는 것 사이의 절충점을 철저하게 계산했을 것이다. 그는 서브를 안전하게 넣을 경우 상대가 쉽게 받아칠 수 있다는 것을 잘 알고 있지만, 서브 포인트를 높여 공격 전술로 사용하기를 원하는 것이다. 더블 폴트로 점수를 몇 점 내줄 각오를 하고 상대가 서브를 받아내기 어렵게 하는 것이다. 테니스 선수가 경기 중 서브에서 기록하는 더블 폴트에는 최적의 수가 있다. 그것은 0이 아니다.

기업에도 같은 원리가 적용된다. 신중함은 성공의 적이 될 수 있다. 우리가 시도하는 모든 새로운 것이 효과가 있다는 것은 우리가 충분히 대담하지 않다는 것을 의미한다. 우리는 용기를 내서 남이 하지 않은 것을 시도해야 한다. 때때로 실패해야 한다. 더블 폴트를 기록해야 한다.

지난 3개월 동안 어떤 혁신을 시도했는가? 그 목록을 작성해보자. 몇 개가 성공했고 몇 개가 실패했는가? 실패했다면 이유는 무엇인가? 어떤 교훈을 얻을 수 있는가? 물론 우리의 목표는 성공이고, 우리는 승리를 원한다. 하지만 성공으로 가는 길에는 실패도 있을 것이다. 실패의 가능성을 배제하면 성공의 기회도 제한된다.

리더에게도 비슷한 원리가 적용된다. 리더는 직원들의 활동에서 실패의 요소를 장려해야 한다. 편안하고 위험 회피적인 기업 문화를 모험적이고 기업가적인 문화로 바꾸고 싶다면 더욱 그렇게 해야 한다. 말만으로는 충분하지 않다. 행동을 통해 강력한 신호를 보내야 한다.

아이디어를 테스트하는 가장 좋은 방법은 분석하는 것이 아니라 시도하는 것이다. 많은 아이디어를 시도하는 조직은 당연히 실패를 겪을 가능성도 높을 것이다. 하지만 큰 성공을 거둘 가능성도 있다. 수많은 시도를 해야만 큰 성공의 가능성을 높일 수 있다. IDEO의 톰 켈리Tom Kelly가 말했듯, "빨리 성공하려면 자주 실패하라!"

무엇이 실리콘밸리를 첨단기술의 메카로 만들었을까? 그것은 바로 다원적인 실패의 과정이다. 작가 마이크 말론Mike Malone은 이를 이렇게 표현한다. "외부인들은 실리콘밸리를 성공의 상징으로 보지만, 사실 실리콘밸리는 무덤이다." 실패는 실리콘밸리의 가장 큰 강점이다. 모든 실패한 제품이나 기업은 집단 기억에 저장된 교훈이다. 실패에 오명을 씌워서는 안 된다. 실패를 찬미해야 한다. 벤처캐피털리스트들은 기업가들의 이력서에서 실패를 보고 싶어 한다.

실패를 통한 성공의 비결 몇 가지를 살펴보자.

- 2가지 종류의 실패에 차이가 있다는 것을 알아야 한다. 새로운 시도가

성공하지 못했을 때는 명예로운 실패가 된다. 개인의 성과에 흠이 있어서 사업이 실패했을 때는 무능한 실패가 된다.

- 실패에서 얻은 교훈을 공유하고 개선을 위한 출발점으로 삼아야 한다.
- 사람들에게 성공할 수 있는 자유를 줄 때는 실패할 수 있는 자유도 주어야 한다는 점을 인식해야 한다.
- 실패와 실패를 통해 배운 것에 대해 이야기한다.
- 시도했으나 실패한 사람을 공개적으로 칭찬한다.
- 명예로운 실패는 비난받지 않는다는 것을 알린다.

타타Tata는 매년 시상식을 열고 3,000개 이상의 제품 혁신을 공개한다. 여기에는 '대담한 시도' 부문이 있다. 이 상은 '바라던 결과를 얻지는 못했지만 성공의 잠재력이 있는 용기 있는 시도'에 돌아간다. 이 회사의 대변인은 다음과 같이 말한다. "우리 문화의 대부분은 지나치게 좋은 소식에 치중되어 있습니다. 회의는 좋은 소식에 대해 이야기하도록 설계되어 있죠. 하지만 이제는 패러다임이 바뀌고 있습니다. 사람들은 어떤 것이 실패했는지, 더 중요하게는 실패의 이유에서 무엇을 배웠는지를 열정적으로 이야기하고 있습니다."[50]

리더의 자리에서 수평적 사고를 하는 사람은 말과 행동으로 실험과 실패를 장려해야 한다. 사람들이 대담하게 기업가정신을 발휘하기를 원한다면 영웅적인 실패를 인정하고 보상해야 한다.

PART 6

일상생활 속의 수평적 사고

Lateral Thinking for Every Day

Chapter 63

평범한 문제를 위한
놀라운 해법

수없이 많은 수평적 아이디어가 일상적인 문제를 해결하는 데 적용되고 있다. 지금은 당연한 것으로 여겨지지만 처음 제안되었을 때는 위험하거나, 어리석거나, 실행 불가능한 것으로 여겨진 것도 있었다. 그런 사례 몇 가지를 살펴보자.

문제: 식료품점에서 고객들이 줄을 서서 기다리고 있다. 바쁜 점원이 물건을 찾아주기를 기다리는 것이다.

수평적 아이디어: 마이클 컬런Michael Cullen은 이런 방식을 뒤바꿔서 고객이 직접 물건을 찾도록 했다. 그는 1930년 뉴욕 퀸즈에 세계 최초의 슈퍼마켓 킹 컬런을 만들었다.

문제: 짓궂은 아이들 때문에 여행이 힘들다.

수평적 아이디어: 아이들이 가장 좋아하는 간식 봉지를 가져간다. 아이들에게 남는 간식을 나눠 먹겠다고 이야기한다. 아이가 말썽을 피울 때마다 간식을 창밖으로 던진다. 또래 압력과 간식이 사라진다는 두려움 때문에 아이들이 얌전하게 행동할 것이다.[51]

문제: 교회 지붕에서 납을 훔치는 도둑들이 많았다.

수평적 아이디어: 한 적극적인 신부가 교회 지붕에 벌집을 설치하고 출입구에 '지붕에 벌이 있으니 조심하세요'라는 경고문을 붙였다. 이로써 범죄자들을 단념시키고 벌들이 생산한 꿀을 교회 바자회에서 판매할 수 있었다.

문제: 한 중국 여성이 네 명의 일란성 남자 쌍둥이를 낳았다. 엄마조차도 그들을 구별하는 것이 거의 불가능했다. 아이들을 학교에 보낼 때가 되었다. 어떻게 해야 할까?

수평적 아이디어: 1, 2, 3, 4라는 숫자의 모양으로 아이들의 머리를 자른다.[52]

문제: 한 부부가 휴가로 집을 떠나 있는 동안 정전으로 냉동실에 있는 음식이 모두 상하지는 않을까 걱정하고 있었다. 이 부부가 사는 지역에는 정전이 잦았다. 정전이 길어졌다가 전기가 다시 들어온 경우에는 음식이 다

녹았더라도 다시 얼어버릴 것이다. 이 경우 정전이 있었던 것을 어떻게 알 수 있을까?

수평적 아이디어: 냉동실에 물을 얼린 큰 그릇을 넣고 그 위에 동전을 올려놓았다. 돌아왔을 때 동전이 위에 있다면 정전이 없거나 짧았다는 뜻이고, 동전이 그릇의 얼음 밑에 있다면 오랜 시간 동안 정전이 발생했기 때문에 식품이 상했을 수 있다는 뜻이다.

문제: 한 여성 록 스타가 큰돈을 들이지 않고도 효과적인 홍보를 하길 원한다.

수평적 아이디어 1: 록 스타 아델은 자신의 신분을 숨긴 채 제니라는 이름으로 아델 모창 대회에 참가했다. 다른 참가자들은 제니라는 이름의 참가자가 완벽하게 아델의 노래를 부르는 것을 본 후 사실 그녀가 아델이라는 사실을 알게 되었다. 자신의 우상이 눈앞에 있다는 것을 깨달은 참가자들의 표정 덕분에 멋진 프로그램이 완성되었고, 그 TV 프로그램은 큰 인기를 모았다.

수평적 아이디어 2: 레이디 가가는 고기로 만든 드레스를 입고 시상식에 등장했다. 논란이 될 것을 이미 짐작한 그녀는 착취에 대한 항의의 의미라는 설명을 준비했다. 수많은 언론이 이 소식을 다뤘다.

문제: 세탁기는 대단히 무겁기 때문에 운반비가 많이 든다. 회전하는 동안 장치를 안정적으로 유지하는 무거운 콘크리트 블록이 포함되어 있기

때문이다.

수평적 아이디어: 콘크리트 블록을 커다란 빈 플라스틱 상자로 대체한다. 세탁기가 사용자의 집에 도착하면 상자에 물을 채운다. 이로써 세탁기가 안정적으로 돌아갈 수 있는 무게를 확보할 수 있다. 콘크리트를 물로 대체하면 상당한 비용을 절감하는 동시에 배출되는 이산화탄소의 양까지 감소시킬 수 있다.[53]

문제: 선거에서 두 번 이상 투표하는 사람이 있을 수 있다.

수평적 아이디어: 투표를 마친 사람들의 엄지손가락에 식물성 염료를 바른다.

문제: 유리잔 2개가 꼭 끼어서 빠지지 않는다.

수평적 아이디어: 바깥쪽 유리잔을 뜨거운 물에 담근 채 안쪽 유리잔에 찬물을 붓는다. 바깥쪽 유리잔이 팽창하면서 잔이 쉽게 분리된다.

문제: 광산 회사 드 비어스는 산업용 드릴 비트로 사용되는 다이아몬드를 채굴한다. 드릴 비트에 적합하지 않거나 너무 작은 다이아몬드들은 어떻게 처리하는 것이 좋을까?

수평적 아이디어: 드 비어스는 약혼반지라는 개념을 만들어 다이아몬드를 새로운 용도로 이용했다. 이로써 엄청난 규모의 새로운 시장이 생겼다.

문제: 당국에 알려진 그래피티 아티스트들은 도시 벽에 그래피티를 그리면 기소될 것이라는 경고를 받았다.

수평적 아이디어: 그들은 벽에 페인트를 칠하지 않고 거꾸로 제거했다. 그들은 더러운 벽에 스텐실과 세제를 사용해 그림을 그렸고, 벽을 청소한 자리에 사진과 메시지를 남겼다. 더러운 벽 청소를 금지하는 조례는 없었기 때문에 그들은 기소되지 않았다.

문제: 스위스의 한 도시는 관광지에 비둘기가 몰려드는 것을 발견했다. 비둘기에게 먹이를 주지 말라고 당부했지만, 관광객들은 이를 무시하고 계속 비둘기에게 먹이를 주었다.

수평적 아이디어: 시 관광국은 관광객들에게 비둘기들에게 줄 사료 봉지를 나눠주었다. 먹이에는 비둘기에게 해가 되지는 않지만 번식을 막는 피임약이 들어 있었다.

Chapter 64

범죄 해결을 위한
수평적 사고

2004년 12월 19일 일요일 밤, 경찰을 가장한 두 무리의 무장 괴한이 아일랜드 벨파스트에 있는 크리스토퍼 워드Christopher Ward 와 케빈 맥멀란Kevin McMullan의 집에 침입했다. 두 사람은 북아일랜 드의 대형은행인 노던 뱅크의 직원이었다. 괴한들은 가족을 인질 로 잡고, 두 사람을 다음 날 정상적으로 출근하게 했다.

워드와 맥멀란은 그들의 지시에 따라 다음 날 저녁 강도들을 은행에 들여보내주었다. 강도들은 약 2,500만 파운드(당시 환율로 약 424억 원)의 현금을 훔쳐 달아났다. 대부분은 노던 뱅크에 있던 지 폐였다. 인질들은 무사히 풀려났다. 그 후 수년에 걸쳐 도난당한 돈의 일부가 회수되었다. 경찰은 코크와 더블린에서의 급습으로 200만 파운드를 회수했고, 경찰 체육회 컨트리클럽의 화장실에서 약 10만 달러의 미국 지폐를 회수하기도 했다. 많은 사람들이 이 사건을 IRA의 소행으로 여기며 IRA를 비난했지만, 범인의 신원은 밝혀지지 않았고 범죄는 여전히 미결 상태로 남아 있다.

그러나 코크와 더블린을 급습한 이후 은행과 정부 관계자들은 수평적인 사고방식으로 후속 조치를 취했다. 은행이 유통 중인 모든 지폐(총 3억 파운드, 당시 환율로 약 6,292억 원)를 회수한 것이다. 그리고 새로운 로고와 일련번호가 있는 다른 색상의 새 지폐를 발행했다. 이 새 지폐는 2005년 3월에 처음으로 유통되기 시작했고, 구권을 가지고 있는 사람은 누구나 새로운 지폐로 교환하기 위해 은행으로 와야 했다. 훔친 지폐가 수백만 장 있는 사람에게는 보통 문제가 아니었다. 당국은 절도범을 잡지 못하고 도난당한 지폐도 모두 회수하지 못했지만, 절도품의 상당 부분을 쓸모없게 만드는 데에는 성공했다.

2022년 미시간 주에 살고 있던 웬디 린 웨인Wendy Lynn Wein은 살인을 교사하고 컴퓨터를 이용해 범죄를 저지른 혐의에 대해 유죄를 인정했다.[54] 그녀에게는 7~20년의 징역형이 선고되었다. 그녀는 암살자를 고용하고자 하는 사람들을 위한 '가짜' 사이트인 렌트어히트맨닷컴rentahitman.com을 이용하여 자신을 귀도 파넬이라고 부르는 그 웹사이트의 주인에게 별거 중인 자신의 남편을 살해할 수 있는 '인력'과 연결해달라고 요구했다. 그녀는 암살에 대한 성공 보수 5,000달러를 약속했다. 하지만 그녀의 정보는 경찰에 전달

되었다. 그녀가 청부살인을 부탁한 렌트어히트맨닷컴이라는 웹사이트는 캘리포니아 출신의 사업가 밥 이네스Bob Innes가 만든 것으로, 그가 기관에 제공한 정보로 지금까지 150명이 목숨을 구했다. 그가 2005년 이런 도메인 이름을 등록한 것은 장난이었다. 그러나 방문자가 꾸준히 늘어났다. 렌트어히트맨닷컴은 고객이 작성하는 계약서 양식까지 갖추고 있을 뿐만 아니라, 해당 업계의 수상 경력이 있으며, 1964년의 청부살인 개인정보보호법을 준수한다고 주장하고 있다. 바람을 피는 남편을 제거한 후 누구든 사귈 준비가 되었다는 여성의 이야기를 비롯해 만족한 고객들의 '가짜' 후기들도 있다.[55]

　법 집행 분야에서의 수평적 사고를 보여주는 또 다른 사례는 2019년 FBI와 오스트레일리아 연방경찰이 협력해 범죄자를 잡기 위한 가짜 암호화 채팅 플랫폼을 만든 일이다. 그들은 애넘Anom이라는 이 플랫폼을 사기꾼들을 대상으로 홍보해 그들의 대화를 감시했다. 유로폴Europol의 보도자료에 따르면, 애넘은 국제 마약 조직들을 비롯한 100여 개국의 300개 이상의 범죄 조직에서 사용될 정도로 큰 성공을 거두었다. 2021년에는 여러 국가의 경찰이 범죄자들이 주고받은 2,700만 개의 메시지를 검토한 후 이들을 급습해 800명을 체포했다. 또한 코카인 8톤, 총기 250정, 고가의 차량 55대, 4,800만 달러가 넘는 세계 각국의 통화와 암호화폐를 압수했다.[56]

영리한 범죄자들은 수평적 사고를 사용해 새로운 강도와 사기 방법을 찾는다. 이들과 맞서 싸우기 위해서는 우리도 수평적 사고를 사용할 필요가 있다.

Chapter 65

전쟁 범죄를 폭로하는 수평적 방법

영국의 저널리스트이자 블로거인 엘리엇 히긴스Eliot Higgins는 2011년 전쟁 지역이나 범죄 현장의 비디오 클립의 진위를 확인하는 오픈 소스 방식에 관심을 갖게 되었다. 그는 위성사진을 사용하면 영상의 위치를 확인할 수 있지만, 가능한 모든 자료를 비교 검토하려면 여러 사람의 눈이 필요하다는 것을 알게 되었다. 그는 2012년에는 자신의 블로그 브라운 모세Brown Moses에 시리아 내전의 영상을 담은 게시글을 올렸다. 그와 동료들은 수백 개의 짧은 동영상을 분석하고, 여러 지리적 기법을 사용해 위치를 인증해냈다. 또한 사용된 무기를 조사해 바샤르 알 아사드Bashar al-Assad가 이끄는 시리아 정부가 화학무기와 집속탄을 사용하고 있다는 사실을 밝혀내기도 했다.

2014년 그는 공개출처정보open-source intelligence, OSINT를 이용해 전쟁 범죄와 주요 사건을 조사하는 저널리즘 단체인 벨링캣Bellingcat을 설립했다. 이들은 공개 도메인에 있는 수천 개의 문서와 게시물을 분석해 정보를 정확하게 식별하고 검증한다. 처음에는 모든 구성원이 무보수 자원봉사자였다. 벨링캣이라는 이름은 고양이 때문에 불평하는 생쥐의 옛 이야기에서 유래한 것이다. 생쥐들은 고양이 목에 방울을 달면 좋을 것 같다는 데에는 동의했지만 어떤 생쥐도 감히 그 일을 시도하지 못했다. 고양이 목에 종을 단다는 것은 침략자를 그림자 밖으로 끌어내는 것을 의미한다.

벨링캣이 처음으로 큰 성과를 올린 것은 2014년 7월 17일 우크라이나 상공을 비행하다가 격추되어 승객 283명과 승무원 15명 전원이 사망한 말레이시아 항공기의 추락 사고에 대한 조사였다.

히긴스와 그의 팀은 끈질긴 조사를 통해 러시아군이 부크 미사일 발사기를 사용해 이 잔혹 행위를 저질렀다는 사실을 밝혀냈다. 이들은 인터넷에 있는 여러 출처의 사진과 구글 어스를 사용하여 부크의 진로를 추적하고, 그림자의 길이를 통해 시간대를 식별했다. 이들의 조사 결과는 이후 네덜란드가 주도하는 국제 합동 조사팀에 의해 확인되었다.

벨링캣은 ISIslamic State(이슬람국가, 이슬람 수니파 무장단체-옮긴이) 훈련 캠프의 좌표와 미국인 기자가 살해된 현장을 찾아내기도 했다. 또한 그들은 계속해서 시리아, 예멘, 카메룬에서 벌어진 잔혹 행위를 폭로했고, 2018년에는 영국 솔즈베리에서 발생한 세르게이 스크리팔Sergei Skripal(영국의 위한 간첩 행위를 한 혐의로 러시아에서 유죄 판결을 받은 전 러시아 정보총국 요원-옮긴이) 독살 사건에 연루된 러시아 정보총국 요원 세 명의 신원을 찾아내 공개했다. 크렘린 궁은 벨링캣의 지속적인 성공에 격분해, 정기적으로 벨링캣의 정보를 '허위 정보'라고 공격하며 그들을 서방 정보기관의 도구라고 맹렬히 비난하고 있다. 사실 벨링캣은 완전히 독립적으로 운영되며, 자금은 보조금, 기부금, 공개출처정보 이용 기술을 교육하는 워크숍 수익 등을 통해 조달된다.

2022년 러시아의 우크라이나 침공 당시 벨링캣은 대단히 활발하게 활동하며 집속탄이 사용되고 있다는 사실을 밝혀냈다. 현재 러시아 사용자는 벨링캣 웹사이트에 대한 접근이 차단된 상태다.

벨링캣은 많은 상을 수상했고 언론과 정보기관이 공개출처정보를 사용해 스토리를 수집하고 검증하는 방식에 변화를 일으켰다. 이 엄청난 성과는 히긴스 그리고 컴퓨터 앞에 앉아서 크라우드소싱을 하는 일단의 아마추어 그룹이 이루어낸 것이다.

Chapter 66

자신의 무지를
인정하라

우리는 지식과 확실성에 가치를 두고 무지와 의심은 무시해버린다. 무지하다는 말에는 조롱의 뜻이 담겨 있다. 어쩌면 우리는 지식을 과대평가하고 무지의 힘을 과소평가하고 있는 것인지도 모른다. 아니, 무지에 대한 인식의 힘을 과소평가한다고 말해야 할까? 왜 그럴까? 지식은 확신, 자만, 폐쇄적인 사고방식을 낳을 수 있기 때문이다. 우리는 열린 마음으로 자신의 지식까지도 의심해야 한다. 어제 진실이었던 것이 오늘은 더 이상 진실이 아닐 수 있기 때문이다. 72명의 사망자가 발생한 2017년 런던 그렌펠 화재 당시 전문가들은 주민들에게 아파트에 머물라는 지시를 내렸다. 이는 죽음을 초래한 잘못된 지시였다.

중세시대에 교회와 성경의 권위는 도전해서는 안 되는 것이었다. 모든 사물이 존재하는 방식과 이유는 성경에 근거하고 있었다. 그런 상황에서 종교개혁과 르네상스의 혁명이 일어난 것은 사람들이 의심을 시작했기 때문이다. 과학혁명은 우리가 우주가 실제로 어떻게 작동하는지에 대해 대단히 무지하다는 깨달음을 기초로 했다. 과학적 방법은 지식에 대한 도전을 기반으로 하며, 모든 과학적 원리에 의문을 제기할 수 있다. 뉴턴의 법칙과 그에 따른 우주관은 아인슈타인의 상대성이론에 의해 도전을 받고 갱신되기 전까지 수세기 동안 역학과 물리학의 기반이었다.

우리는 자신과 자신의 정책에 대하여 확신에 차 있는 정치지도자를 선호하는 것 같다. 자신이나 자신의 계획에 대한 의심을 표명하는 정치지도자는 선명하지 못하다고 조롱을 받는다. 작가 존 아데어John Adair 는 리더의 입에 올라야 할 가장 중요한 문장은 '내가 틀렸다는 것을 인정합니다'라고 말한다.[57] 그러나 마음을 바꾸는 정치지도자는 변덕스럽다거나 신념이 부족하다는 비난을 받는다. 하지만 확신이 잘못된 생각에 대한 것이라면 그 확신에는 아무런 가치가 없다. 이오시프 스탈린Iosif Stalin과 로버트 무가베 Robert Mugabe(짐바브웨가 독립한 이후 대통령으로 37년을 집권한 인물-옮긴이)는 잘못된 교훈을 계속 밀어붙였다. 그들의 완고하고 외골수적인 접근법은 국민들을 빈곤하게 만들었다. 우리에게는 의심스러운 부분에 대해 마음이 열려 있고, 새로운 증거를 적극 수용하며, 방향을 전환할 준비가 되어 있는 리더가 필요하다.

미하일 고르바초프Mikhail Gorbachev는 소련의 지도자가 되기 전, 헌신적인 공산당 장교였다. 그는 소련 체제에서 많은 문제점을 발견하고 생각을 바꾸어 페레스트로이카perestroika와 글라스노스트라glasnost라는 급진적인 정책을 도입했다. 이는 구소련 위성국가들의 독립과 1989년 베를린 장벽의 붕괴로 이어졌다.

프레데리크 빌럼 데 클레르크Frederik Willem de Klerk는 남아공 아파르트헤이트의 마지막 대통령이었다. 그는 아파르트헤이트의 강력한 옹호자였지만 마음을 바꿔 1990년 넬슨 만델라를 석방하고 다인종 사회로의 전환을 꾀하자는 용감한 결정을 내렸다.

우리 모두는 확증 편향을 갖고 있다. 기존의 신념을 뒷받침하는 정보를 검색하고 기억하고 선호하는 경향에 시달리는 것이다. 확증 편향은 감정적인 문제나 확고한 입장을 가지고 있는 문제에서 더 강하게 나타나며, 이런 이유에서 우리는 모호한 증거를 자신의 신념을 뒷받침하는 증거로 해석해버린다. 가령 미국에서 총기난사 사건이 발생하면, 총기 규제를 지지하는 사람들은 이 사건을 총기 소유를 제한해야 한다는 증거로 보는 반면, 총기 규제에 반대하는 사람들은 더 많은 사람이 총기를 소지해 가해자를 사살해야 한다는 증거로 본다. 마찬가지로 폭풍우가 몰아칠 때 어떤 사람들은 이를 기후변화의 명백한 증거로 보는 반면, 다른 사람들은 지구 온난화가 근거 없는 믿음이라는 증거로 여긴다.

확증 편향은 반대되는 증거에도 불구하고 개인의 신념을 과신하는 사태로 이어진다. 1992년 레이첼 니켈Rachel Nickell은 런던의 윔블던 커먼 공원에서 잔인하게 살해당했다. 경찰은 전문가를 초빙해 범인의 심리를 프로파일링한 후 그 내용에 부합하는 용의자를 발견했다. 공원에서 개를 산책시키던 콜린 스태그Colin Stagg였다. 그가 범죄와 관련이 있다는 증거는 거의 없었지만 경찰은 그가 범인이라고 확신하게 되었고 자백을 유도하기 위해 정교한 함정을 팠다. 이 함정 수사는 아무런 효과가 없었지만, 그들은 스태그를 재판에 넘겼고 판사는 사건을 기각했다. 결국 2008년 로버트 내퍼Robert Knapper가 레이첼 니켈을 살해한 혐의로 유죄 판결을 받았다. 경찰관들은 스태그가 유죄라고 확신하게 되면서 확증 편향으로 반대되는 증거를 거부하며 스태그에게 불리한 증거를 만들기 위해 애를 썼다.

지식은 좋은 것이지만 우리는 우리의 지식이 완벽하지 않다는 것을 인식해야만 한다. 지식은 우리의 관점과 내적 편견의 제약을 받는다. 리더들이 자신의 지식이 옳다고 확신하는 때야말로 가장 위험한 순간이다. 세상은 빠르게 변화하고 있으며 우리의 믿음 중 일부는 시대에 뒤떨어진 것일 수도, 완전히 틀린 것일 수도 있다. 우리는 전문가들의 의견이나 자신이 가지고 있는 확신, 자신감을 경계할 필요가 있다. 수평적 사고를 하는 사람은 자신의 무지를 인정하고, 반대되는 견해에 귀를 기울이며, 의문을 제기하는 목소리를 신중하게 고려해야 한다.

Chapter 67

자연에서 발견한
수평적 사고

매미는 수명 주기가 가장 긴 곤충이다. 북아메리카에 주로 서식하는 '17년매미'는 17년마다 모습을 드러낸다. 작은 매미 유충은 알에서 깨어난 뒤 땅 속으로 파고 들어가 땅속에서 17년을 산다. 그리고 정확히 17년이 지나 땅의 온도가 18도가 되면 엄청난 수의 매미들이 나타난다. 매미들은 단 4~6주를 살면서 먹고 짝짓기를 하고 암컷은 알을 낳고, 긴 수명 주기가 다시 시작된다. 왜 17년일까? 아무도 확실히는 알지 못하지만 17이 소수라는 데 주목해볼 수 있다. 매미는 새, 쥐, 도마뱀, 중국에서는 사람을 비롯한 많은 포식자들에게 특별한 먹잇감이 된다. 매미의 수명 주기가 12년이라면, 2, 3, 4, 6, 12년의 수명 주기를 가진 천적들이 매미가 등장하는 때 많이 번식할 것이다. 하지만 소수 17은 1과 그 자신으로만 나누어진다. 이처럼 매미의 수명은 종마다 다르긴 하지만, 대부분은 5년, 7년, 13년, 17년 등 소수의 수명 주기를 가지고 있다.

진화는 긴 시간에 걸쳐 수많은 변형을 시도하면서 놀랍도록 영리하고 특이한 생명체와 생존 전략을 만들어냈다. 그런 점에서 그 방법들은 대단히 수평적이다.

암컷 뻐꾸기는 둥지를 만들지 않고 다른 새들이 알을 낳기에 적합한 둥지를 짓는 것을 지켜본다. 다른 새들이 둥지를 다 지으면 뻐꾸기는 그 둥지에서 알을 꺼내 먹고 그 자리에 자기 알을 낳는다. 뻐꾸기는 번식기 동안 다른 새의 둥지에 최대 25개의 알을 낳을 수 있다. 숙주 새는 침입자의 알을 자기 알과 함께 품는다. 하지만 불과 12일 만에 부화하는 뻐꾸기 새끼는 가차 없이 이기적인 행동을 한다. 다른 알이나 새끼를 둥지 밖으로 밀어내고 양부모가 물어오는 모든 먹이를 독점하는 것이다. 뻐꾸기 새끼는 종종 양부모보다 훨씬 더 크게 자란 뒤 날아간다.

복어는 천천히 움직이지만 쉬운 먹잇감은 아니다. 포식자의 위협을 받으면 공기와 물을 이용해 몸을 부풀린다. 복어는 정상 크기의 몇 배가 되도록 몸을 부풀릴 수 있을 뿐만 아니라 날카로운 가시를 5센티미터까지 뻗을 수 있다. 게다가 치명적인 독소를 가지고 있다.

송장개구리는 대단히 특이한 자기 동결 기법을 가지고 있다.

겨울이면 이 개구리의 몸 40퍼센트가 얼음으로 변한다. 개구리는 간에 포도당을 갖고 있는데 이것이 일종의 부동액 역할을 한다. 따라서 개구리는 단단히 굳어 있는 듯 보이지만 살아 있으며 그 상태로 호흡, 혈액의 흐름, 심장이 멈춰 있다. 그러다가 기온이 올라가면 개구리는 다시 살아난다.

아프리카 흰개미는 높이가 9미터에 이르고 방수까지 되는 놀라운 진흙 구조물을 짓는다. 여기에는 공기의 흐름을 개선하고 매우 더운 날씨에도 내부 환경을 비교적 시원하게 유지하는 많은 환기 통로들이 있다. 엔지니어와 건축가들은 개미집의 설계를 연구해서 냉방 시스템 없이도 실내 온도를 시원하게 유지하는 집을 짓고 있다.

자연계는 신선한 아이디어의 뛰어난 원천이다. 자연은 온갖 영리한 방법으로 문제를 해결한다. 그리고 때로는 비즈니스 문제에 대한 혁신적인 해법을 제공하기도 한다. 알렉산더 그레이엄 벨 Alexander Graham Bell은 인간 귀의 작동방식을 기반으로 전화를 고안했다. 전화의 진동판은 귀의 진동판과 유사하다. 더 나은 피하주사기를 만들고 싶었던 의사들은 자연에서 영감을 얻어 모기의 주둥이를 기반으로 혁신적인 디자인을 만들었으며, 프링글스 감자칩의 디자인은 유려한 곡선을 그리는 젖은 나뭇잎을 본뜬 것이다.

앞서 언급했듯이 스위스의 엔지니어 조지 드 메스트랄은 개와 산책을 나갔다 돌아오는 길에 자신의 옷과 반려견의 털에 식물의 씨앗이 잔뜩 달라붙어 있는 것을 발견했다. 좀처럼 떨어지지 않는 이 씨앗들을 현미경으로 연구한 그는 작은 갈고리가 있는 것을 보았다. 그는 이 아이디어를 모방해 현재 전 세계에서 고정장치로 사용되고 있는 벨크로를 발명했다.

예술가들, 특히 미술과 음악 분야의 예술가들은 오래전부터 자연을 관찰하고 자연에서 영감을 얻었다. 의사, 엔지니어, 디자이너도 마찬가지다. 자연은 수없이 다양한 방식으로 일상적인 문제에 대한 새로운 아이디어와 영리한 해결책을 보여준다.

Chapter 68

위대한 예술을 만든
수평적 사고

예술에서는 참신한 아이디어, 전면적인 새로운 움직임, 수평적인 방향 전환, 충격적인 창작물의 많은 예를 발견할 수 있다. 예술가 마르셀 뒤샹Marcel Duchamp은 소변기에 서명을 한 후 거꾸로 뒤집어 1917년 뉴욕의 저명한 미술협회 전시회에 출품했다. 이 조직의 이사회는 예술 작품이 아니라는 근거로 소변기의 전시를 거부했다. 이사회 구성원이었던 뒤샹은 이에 항의해 사임했다. 이후 엄청난 토론과 논쟁이 이어졌다. 뒤샹은 논쟁에서 승리하고 매스컴으로부터 크게 주목을 받았다. 2004년 이 소변기는 20세기의 가장 영향력 있는 예술 작품으로 선정되었으며, 뒤샹은 예술 작품을 만드는 것은 예술가의 의도와 선택이라는 원칙을 확립한 것으로 인정받고 있다.

이번에는 예술 역사상 가장 위대하고 가장 수평적인 사고로 예술적 전환점이 된 초현실주의에 대해 생각해보자.

초현실주의를 통해 예술가들은 불안하고, 비논리적이고, 예상치 못한 장면을 묘사해 무의식을 드러낼 수 있었다. 초현실주의를 이끈 앙드레 브르통André Breton은 초현실주의의 목적을 "이전에는 모순되는 상태였던 꿈과 현실을 절대적인 현실, 초현실로 바꾸는 것"이라고 설명했다.[58] 초현실주의는 1차 세계대전 후 파리에서 시작되어 회화, 저술, 연극, 영화, 패션, 사진을 비롯한 많은 장르로 확산되었다.

초현실주의의 기저가 되는 전복적인 아이디어는 인간의 경험을 완전히 뒤집고 세상에 대한 이성적인 관점을 환상적이고, 낯설고, 묘한 꿈의 내용 같은 것으로 대체하는 것이었다. 초현실이라는 단어는 현실 너머를 의미한다.

스페인의 화가 살바도르 달리Salvador Dali는 초현실주의의 대표적인 인물이다. 그의 가장 유명한 작품은 회중시계가 힘없이 녹아내리는 이미지를 담고 있는 「기억의 지속The Persistence of Memory」이다. 1931년에 그려진 이 작품에 대해 미술사학자 던 아데스Dawn Adès는 "말랑한 시계는 공간과 시간의 상대성에 대한 무의식적인 상징, 고정된 우주 질서라는 우리 관념의 붕괴에 대한 초현실주의적 명상"이라고 말했다.[59] 이는 달리가 아인슈타인의 새로운 특수상대성이론에 대한 이해를 반영하고 있었음을 암시한다. 이것이 사실인지 묻자, 달리는 그의 전형적인 답변 방식대로 이 그림은 실제로 햇볕에 녹는 카망베르 치즈에 대한 인식에서 영감을 받아 그렸다고 답을 했다.

그림 속 한 시계는 개미로 뒤덮여 있는데, 개미는 그가 부패를 암시하기 위해 사용한 것이다. 또 다른 시계에는 사람과 같은 그림자를 만드는 파리가 그려져 있다. 이 놀라운 그림은 뉴욕 현대미술관에서 볼 수 있다.

달리는 여러 매체를 다루면서 기이하고 눈에 띄는 예술 작품을 많이 만들었다. 유명한 사례로 실제 전화기 위에 석고로 만든 분홍색 바닷가재 모양을 올려놓은 「바닷가재 전화기Lobster Telephone」라는 작품이 있다. 또 다른 주목할 만한 작품으로는 「메이 웨스트 립스 소파Mae West Lips Sofa」가 있다. 이름에서 알 수 있듯이, 이 작품은 여배우 메이 웨스트의 입술 모양을 본뜬 빨간 소파 형태의 초현실주의 조형물이다.

고딕에서 르네상스, 인상주의, 입체파, 팝아트에 이르기까지 예술사에는 강력하고 혁명적인 추세들이 존재해왔다. 하지만 초현실주의보다 더 급진적이고 도발적인 것은 없었으며, 초현실주의는 모든 분야에서 수평적 사고를 하는 사람들에게 영감을 주고 있다.

Chapter 69

원격 공동작업

2001년 두 뮤지션 벤 기버드Ben Gibbard 와 지미 탐브렐로Jimmy Tambrello 는 새로운 작곡 작업을 함께 하고 싶었다. 문제는 두 사람이 수백 마일 떨어진 미국 서부 해안의 양쪽 끝에 살고 있다는 것이었다. 탐브렐로는 리듬을 CD로 만들어 우편으로 기버드에서 보냈다. 기버드는 악기와 보컬을 입혀 그 음원을 탐브렐로에게 보냈다. CD를 주고받으며 편집과 추가 작업이 이어졌고, 결국 그들은 앨범을 만들 만한 작품을 갖게 되었다. 그들은 이런 작업 방식을 반영해서 자신들에게 '포스탈 서비스Postal Service'라는 이름을 붙였고, 그들이 2003년 발매한 앨범 제목을 「포기Give Up」라고 했다. 앨범은 호평을 받았고 100만 장 이상 판매되었다. 그 앨범으로 발표된 3개의 싱글은 스포티파이에서 들을 수 있다.

2003년 미국 우정서비스United States Postal Service, USPS는 두 사람이 만든 밴드 이름이 상표권을 침해했다고 주장하며 그들에게 특허권 침해 경고장을 보냈다. 하지만 양측은 상호 이익이 되는 합의에 도달했다. USPS가 이 밴드가 USPS를 홍보하고 연례 임원회의에서 공연을 해주는 대가로 상표 사용을 허용한 것이다. 심지어 USPS는 웹사이트에서 이 밴드의 CD를 판매하기도 했다.

이런 장거리 협업은 이외에도 많이 있었다. 미국의 래퍼 릴 나스 엑스Lil Nas X는 네덜란드 뮤지션 영키오Youngkio의 비트를 사서 「올드 타운 로드Old Town Road」라는 트랙을 만들었다. 만난 적도 없는 이 두 사람의 곡은 2019년 빌보드 차트 1위에 올랐다. 이 곡은 컨트리 랩이라는 혁신적인 조합의 사례라고 할 수 있다.

이런 사례에서 얻을 수 있는 교훈은 분명하다. 창의적인 사람들이 수평적인 아이디어와 혁신을 기반으로 협업을 하기 위해 꼭 같은 공간에 있어야 할 필요는 없다. 줌과 팀스를 이용해 미팅을 하는 시대에 이런 아이디어를 활용할 다른 방법은 없을까? 내가 '포스탈 서비스The Postal Service'라고 부르는 브레인스토밍 방법이 있다. 6~10명의 사람들을 줌 미팅에 모아 과제를 설명한 다음 문제를 해결할 좋은 아이디어가 필요하다고 말한다. 좋은 해법이 어떤 모습일지 대략적으로 설명하고 '우리가 어떻게 하면……'이라는 말로 결과의 관점에서 과제를 표현한다.

이후 사람들은 개별적으로 (또는 원격으로) 작업을 하면서, 주어진 문제에 대해 생각하고, 이를 해결할 수 있는 4가지 아이디어를 적는다. 나는 사람들에게 안전한 아이디어 하나, 창의적인 아이디어 하나, 엉뚱한 아이디어 하나를 포함시켜달라고 말한다. 다음으로 각 참가자에게 아이디어를 4개씩 나누어준다. A는 B, C, D, E로부터 아이디어를 받는 방식으로 각각의 참가자들은 4명의 다른 사람들이 낸 4개의 아이디어를 받게 된다. 그런 다음 각자가 가장 유망하다고 생각되는 2개의 아이디어를 선정해서 세부사항과 새로운 제안을 추가해 아이디어를 개선한다.

그룹은 이제 세 명씩 (보통 줌의 소회의실에서) 다시 모인다. 세 명으로 이루어진 각 그룹은 자신들의 제안을 공유한다. 제안에 대해 상세히 논의하고 한두 개의 가장 좋은 제안을 선정한 뒤 다시 발표한다. 이 단계에서 아이디어를 수정, 결합, 개선할 수 있다. 그런 다음 전체 그룹이 화상회의로 만나 최고의 아이디어를 발표하고 토론한다. 그리고 전체가 투표를 통해 시도해보고 실행에 옮길 만한 아이디어를 선정한다.

원격으로 일해야 하는 상황이고 혁신할 필요가 있다면 이 방법을 사용해보는 것이 어떨까? 혼자서 더 좋은 생각을 떠올리는 사람도 있고, 그룹으로 있을 때 다른 사람들에게 자극을 주는 사람들도 있다. 이 방법은 두 접근법 모두를 허용하기 때문에 시도해보길 권한다.

Chapter 70

정신 건강을 위한 조언

많은 사람들이 우울증이나 불안과 같은 정신 건강의 문제를 겪고 있다. 다음은 이런 질병과 맞서 정신 건강을 유지하고 강화하는 데 도움이 되는 몇 가지 창의적인 아이디어다.

밖으로 나간다

우리는 대부분의 시간을 사무실, 상점, 집 등 건물 안에서 보낸다. 하지만 야외에서 산책이나 조깅을 하면서 몸과 마음의 변화를 경험해보자. 영국 국가의료제도National Health Service, NHS 사이트는 '걷기는 간단하고, 돈이 들지 않고, 활동량을 늘리고, 체중을 줄이고, 건강을 증진할 수 있는 가장 쉬운 방법'이라고 말한다. 환경의 변화와 자연과의 친밀감이 정신에 긍정적인 자극을 줄 수 있다. 사무실에서 벗어나 걷는 동안 좋은 아이디어를 얻는 경험을 하는 사람들이 많다.

무작위로 친절한 행동을 한다

다른 사람에게 친절을 베풀면 자신의 기분이 좋아지는 것을 느낄 수 있다. 류드밀라 티토바Liudmila Titova와 케넌 셸던Kennon Sheldon의 연구에 따르면 "행복은 자신보다는 다른 사람을 기쁘게 하려는 노력에서 비롯된다"고 한다.[60] 그들은 5개의 연구를 통해 다른 사람을 행복하게 하려는 전략이 자신을 행복하게 만들려는 전략보다 유익하다는 것을 발견했다. 예상을 벗어난 관대한 행동을 베풀어보라. 낯선 사람에게도 말이다.

자원봉사를 한다

자발적으로 다른 사람을 돕고 자신의 기술을 이용해 어린이, 노인, 기타 도움이 필요한 사람에게 도움을 주어보자. 메이요 클리닉에 따르면, 자원봉사 활동은 사람들을 움직이게 하면서 동시에 생각하게 한다. 자원봉사가 60세 이상 성인의 신체적, 정신적 건강에 도움이 된다는 사실 또한 연구를 통해 밝혀졌다. 자원봉사가

특히 65세 이상 노인의 우울증과 불안의 비율을 낮춘다는 것을 보여주는 연구도 있다.[61]

코미디 영화를 본다

시간을 내서 자신의 취향에 맞는 재미있는 영화를 감상한다. 슬랩스틱slapstick(단순한 동작 위주의 익살)이나 어린이용 유머가 가장 효과적인 것 같다. 럭스상담교육센터의 임상 책임자인 리앤 드호프LeAnn DeHoff는 "슬픔에 빠져 있거나 에너지가 필요할 때라면 재미있는 영화를 감상하는 것이 기운을 차리는 데 큰 도움이 될 수 있다. 웃는 것은 정신 건강에 긍정적인 영향을 준다"라고 말한다.

감사한 일을 적는다

감사한 모든 일을 나열해본다. 건강, 몸을 눕힐 수 있는 집, 교육과 같은 기본적인 것부터 시작한다. 다음으로 긍정적인 성취를 기록한다. 목록은 길수록 좋다. 이 활동으로 문제를 큰 시각에서 바라볼 수 있다. 감사 목록을 작성하는 일은 자존감을 높이고 스트레스를 줄이는 데 도움이 된다. 매일 감사한 일을 찾아보자.

다른 사람의 긍정적인 동기를 상상한다

교통 체증 속에서 누군가 새치기를 한다면 그 사람에 대한 이야기를 만들어낸다. 그 사람은 아픈 아이를 병원으로 데려가고 있는 것일지도 모른다. 이렇게 하면 분노와 스트레스가 바로 사라진다. 다른 사람을 좋게 생각을 하면 자신의 기분도 나아진다.

오랜 친구에게 전화를 건다

친한 친구들과 시간을 보내는 것도 좋지만 옛 친구와의 우정을 새롭게 할 시간을 만들어보는 것도 좋다. 학창 시절 친했던 친구에게 전화를 걸어 옛날 일과 새로운 일에 대해 이야기를 나누어보자. 눈앞에 닥친 여러 가지 일들 때문에 너무 바빠서 소중한 우정을 놓치는 경우가 많다. 하지만 우정을 지키는 것은 작은 수고를 기울일 충분한 가치를 지닌 일이다.

도움을 청한다

특히 남성들은 문제를 숨기는 경향이 있고 도움을 청하는 것이 나약함의 징표라고 생각하곤 한다. 친구가 도움을 청한다고 생각해보라. 당장 나서지 않겠는가? 문제를 공유하면 친구와 동료는 든든한 지원군이 되어줄 것이다. 사람들은 도움을 주기를 원한다.

문제에 압도되기 전에 도움을 청하라.

비판을 수용한다

조금은 둔감해질 필요가 있다. 나에 대한 당황스러운 말을 들었다고 해도 발끈하지 말고, 농담이라면 웃어넘기도록 하자. 비판이라면 그 안에 티끌만 한 진실이라도 담겨 있을 것이라고 생각하고 개선의 자극제로 이용하라. 당신이라는 사람에 대한 비난이 아닌 당신의 행동에 대한 지적으로 받아들여라. 단순히 기분이 나빠서 한 말이라면 그것은 당신의 문제가 아닌 그들의 문제다.

시를 읽는다

입원 아동을 대상으로 한 2021년 연구에 따르면, 시를 읽고 쓸 수 있는 기회를 제공했을 때 아이들의 두려움, 슬픔, 분노, 걱정, 피로가 줄어든다고 한다.[62] 시는 우리로 하여금 다른 사람의 생각을 통해 세상과 세상의 문제를 볼 수 있게 해준다. 우리는 그들의 감정을 공유한다. 시는 우울하거나 스트레스로 괴로워하는 사람에게 위안을 주고 기운을 북돋운다. 시를 쓰는 것이 문제에 대응하는 데 도움이 된다는 것을 발견한 사람도 있다.

Chapter 71

수평적 사고를 한다는 것

지금까지 수평적 사고의 원칙, 사례, 이야기, 방법, 퍼즐 등 일련의 내용을 살펴봤다. 다음은 이 책이 말하고자 하는 몇 가지 핵심 사항을 간략하게 요약한 것이다.

- 수평적 사고는 어느 분야의 누구에게나 열려 있는 문제 해결 접근법이다.
- 대부분의 문제에는 새롭고 다른 해법을 찾을 수 있는 기회가 있다. 첫 번째 아이디어나 기존의 접근방식을 받아들이기보다 다양한 가능성을 탐색해야 한다.
- 우리 모두는 매일, 모든 상황에서 가정을 한다. 하지만 이런 가정은 새로운 가능성을 떠올리는 우리의 능력을 심각하게 제한할 수 있다.

- 가정에 도전하는 가장 좋은 방법은 '왜 이 일을 하고 있을까?', '그 반대가 참이라면 어떨까?', '더 나은 방법은 없을까?'와 같은 근본적이고 어린아이 같은 질문을 던지는 것이다.
- 우리는 과거의 위대한 사상가, 발명가, 혁신가들로부터 영감을 얻고 교훈을 얻을 수 있다.
- 해법을 찾기 전에 우선 문제를 완벽하게 이해하기 위해 노력해야 한다. 여섯 명의 하인과 같은 도구가 도움이 될 수 있다.
- 무작위 단어, 닮은꼴 문제 찾기, 주사위 굴리기 등 다양한 방법을 사용해 수평적 사고를 촉진할 수 있다.
- 6개의 생각 모자와 디즈니 방식은 회의를 더 빠르고 생산적으로 진행하고 새로운 아이디어에 더 개방적인 태도를 형성하는 데 도움이 된다.
- 많은 사람들이 위험을 회피하는 성향과 순응, 집단사고에 빠지곤 한다. 우리는 이런 성향을 인식하고 다양하고 미묘한 방식으로 거기에 대처할 준비를 해야 한다.
- 무작위성을 이용해 수평적으로 사고하고 새로운 가능성을 볼 수 있다.
- 수평적 아이디어를 실제에 적용하기 위해서는 많은 실험을 시도해야 한다.
- 실패를 배움의 경험으로 받아들여야 한다. 날고, 추락하고, 고치면서 배워야 한다.

열린 마음으로 상황에 접근하고, 관습에 도전하며, 상상하기 어려운 것을 생각하는 접근법이 당신에게 초대장을 보냈다. 이야기에서 영감을 얻고, 다른 방식으로 생각하고, 뻔한 것을 피하라. 사회 도처에 더 스마트한 해결책을 필요로 하는 크고 작은 문제들이 있다. 우리에게는 수평적 사고를 하는 사람들이 필요하다. 이제 당신이 수평적 사고라는 혁명에 동참할 시간이다.

해답

수평적 사고를 키워주는 수수께끼(122쪽)

1. 집을 완성하는 벽돌은 마지막 하나다.
2. 2월. 날짜가 가장 적으니까.
3. 열 명이 이미 만들었으니까 시간이 전혀 걸리지 않는다.
4. 인구가 훨씬 많으니까.
5. 영국에서는 살아 있는 사람을 땅에 묻지 않는다.
6. 이발
7. 소총이 이미 충분히 길어서.
8. 점심, 저녁, 야식.
9. 콘크리트 바닥을 깨는 것은 대단히 어렵다.
10. 바닥에서 발을 뗀다(off the floor).
11. 12개(각 달마다 2일(second)이 있기 때문에).
12. 관 뚜껑

수평적 사고 퍼즐(132~133쪽)

전방의 산
비행기는 해발고도 1마일(약 1.6킬로미터)인 콜로라도 덴버 공항에 착륙해 있다.

열쇠
이 여성의 남편은 몽유병 환자였다. 그는 이전에 잠든 상태로 현관문을 열고 길까지 걸어 나간 적이 있다. 그녀는 찬물이 담긴 양동이에 열쇠를 넣어두어서 남편이 열쇠를 집기 위해 물에 손을 넣으면 차가운 느낌에 깨어나도록 한 것이다.

손상된 자동차
이 남성은 몇 분 전 사망사고를 내고 뺑소니를 쳤다. 그는 주차타워로 차를 몰고 간 뒤 누군가 차를 훔쳐 파손한 것처럼 보이도록 만들었다. 그는 이후 경찰에 전화를 걸어 도난 신고를 했다(이것은 실제 사건이다. 그는 체포되어 징역형을 받았다).

담요 미스터리
그는 인디언 용사였다. 기병대의 접근을 알리기 위해 연기 신호를 보낸 것이다.

7년간의 안달

그 여성은 항해 중에 조난을 당했다. 그녀는 해적의 보물을 발견했지만 7년 후에야 구조되었다.

모래 속의 메르세데스

이스라엘과 이집트가 전쟁을 하고 있던 중에 일어난 일이라고 한다. 수입 관세 때문에 메르세데스는 이스라엘보다 이집트에서 훨씬 더 비쌌다. 이스라엘이 시나이 사막의 광대한 지역을 점령하자, 영리한 이스라엘 사업가는 전쟁이 끝난 후 그 땅이 이집트에게 되돌아갈 가능성이 높다는 데 생각이 미쳤다. 결국 그가 파묻어 놓은 차는 1미터도 이동하지 않고 이스라엘에서 이집트로 수입이 된 것이다! 이후 이집트인 동업자가 차를 파내 팔았고 두 사람은 상당한 수익을 얻었다.

수학 문제를 위한 우아한 해법(189쪽)

1. 대수를 사용해 비율을 계산하는 것도 가능하다. 하지만 수평적 해법은 다음과 같다. 이 절차를 거치고 난 2잔에는 같은 부피의 물이 있다. 따라서 물잔에 없는 물은 반드시 와인 잔에 있어야 하고 그 반대도 마찬가지다. 와인 잔의 물은 물잔의 와인과 같은 양이어야 한다.

2. 이 문제는 각 라운드에서 무승부의 수를 헤아리는 지루한 방식으로 풀 수 있다. 하지만 출전한 선수가 79명이라면 결국 승자는 한 명이고 패자는 78명이 된다. 각 경기에서 한 명의 패자가 나오므로 게임은 78번이 필요하다.

3. 달팽이는 매일 1피트를 올라오기 때문에 답이 30일이라고 생각할 수도 있다. 하지만 그것은 오답이다! 27일 후면 달팽이는 바닥에서 27피트 위에 있다. 28일째 날 달팽이는 남은 3피트를 올라와 우물 위에 도착한다. 따라서 정답은 28일이다.

주
—

1 Edward de Bono, *The Use of Lateral Thinking*, Jonathan Cape, 1967

2 Edward de Bono, *Sur/Petition*, Macmillan, 1992

3 Matthew Syed, Rebel Ideas: *The power of thinking differently*, John Murray, 2021

4 Irving Janis, *Groupthink: Psychological studies of policy decisions and fiascoes*, Houghton Mifflin, 1982

5 Randall Lane, *You Only Have to Be Right Once: The rise of the instant billionaires behind Spotify, Airbnb, WhatsApp and 13 other amazing startups*, Penguin, 2016

6 Job Creators - The Entrepreneurs Network

7 Arnobio Morelix, Chris Jackson and Inara Tareque, Want to be like Silicon Valley? Welcome immigrant entrepreneurs, Kauffman Foundation, 7 October 2016

8 Stuart Anderson, Immigrants, Nobel Prizes and the American Dream, Forbes, 14 October 2020

9 Emma Elsworthy, Curious children ask 73 questions each day,*The Independent*, 3 December 2017

10 Alistair Cox, Why you shouldn't always just 'Google it', LinkedIn, 2 November 2020

11 Peter Drucker, *The Peter F. Drucker Reader: Selected articlesfrom the father of modern management thinking*, Harvard Business Review Press, 2016

12 Malcolm Gladwell, Viewpoint: Could one man have shortened the Vietnam War?, BBC News, 8 July 2013

13 Dmitry Shvidkovsky, *Russian Architecture and the West*, Yale University Press, 2007

14 Pagan Kennedy, *Inventology: How we dream up things that change the world*, Houghton Mifflin, 2016

15 Edward de Bono, *Six Thinking Hats*, Little Brown and Company, 1985. Six Thinking Hats is a trademark of the De Bono Company

16 Steffan Powell, Playtime: Is it time we took 'play' more seriously?, BBC, 13 January 2022

17 Paul Sloane and Des MacHale, *Great Lateral Thinking Puzzles*, Sterling Publishing, 1994

18 Gary Hamel, *Leading the Revolution*, Harvard Business School Press, 2003

19 Selin Malkoc and Gabriela Tonietto, The calendar mindset: Scheduling takes the fun out and puts the work in, *Journal of Marketing Research*, 1 December 2016

20 Taiwan car thieves use birds to collect ransom, *Journal of Commerce*, 23 October 1991

21 Tom Nichols, *The Death of Expertise*, Oxford University Press, 2017

22 Kyle Dropp, Joshua D Kertzer and Thomas Zeitzoff. The less Americans know about Ukraine's location, the more they want US to intervene, *Washington Post*, 7 April 2014

23 Tessa Berenson. A lot of americans support bombing the fictional country from *Aladdin*, *Time*, 18 December 2015

24 Elizabeth Suhay and James N Druckman. The politics of science: Political values and the production, communication, and reception of scientific knowledge, *Annals of the American Academy of Political and Social Science*, 8 February 2015

25 Eric Abrahamson and David H Freedman. *A Perfect Mess: The hidden benefits of disorder*, Little Brown, 2006

26 Kathleen D Vohs, Joseph P Redden and Ryan Rahinel. Physical order produces healthy choices, generosity, and conventionality, whereas disorder produces creativity, *Psychological Science*, 1 August 2013

27 Tim Harford. Messy: *How to be creative and resilient in a tidy-minded world*, Abacus, 2018

28 Katherine W Phillips, Katie A Liljenquist and Margaret A Neale. Is the pain worth the gain? The advantages and liabilities of agreeing with socially distinct newcomers, *Personality and Social Psychology Bulletin*, 29 December 2008

29 Paul Sloane and Des MacHale. *Mathematical Lateral Thinking Puzzles*, Sterling Publishing, 2015

30 Ernest Dichter. *Handbook of Consumer Motivations*, McGraw-Hill, 1964

31 Daniel Boffey. Swedish firm deploys crows to pick up cigarette butts, *The Guardian*, 1 February 2022

32 Tucker Archer. 5 fast facts your need to know about Sergey Brin, Heavy.com, 8 April 2021

33 Tony Hsieh. *Delivering Happiness*, Grand Central, 2010

34 Tony Hsieh. 'Delivering happiness': What poker taught me about business, *HuffPost*, 26 May 2010

35 Alex Pentland. *Social Physics: How social networks can make us smarter*, Penguin, 2015

36 Bruce Daisley. *The Joy of Work: 30 ways to fix your work culture and fall in love with your job again*, Random House, 2020

37 University of Minnesota. Ceiling height can affect how a person thinks, feels and acts, *ScienceDaily*, 25 April 2007

38 Rebecca Hinds. Why meeting table room shapes matter, *Inc.*, 13 October 2017

39 David Niven. *It's Not About the Shark: How to solve unsolvable problems*, St Martin's Press, 2014

40 Tim Jonze. How to make money from Spotify by streaming silence, *The Guardian*, 19 March 2014

41 Julian Lee. RTA gave the finger to acclaimed pinkie ad, *Sydney Morning Herald*, 31 August 2009

42 Stine Steffensen Borke. The story behind Norwegian Air's 'Brad is single' ad, *Campaign*, 29 September 2016

43 Free eye tests for the Swiss, *Bolton News*, 28 June 2004

44 Loulla-Mae Eleftheriou-Smith. Ryanair's Michael O'Leary: 'Short of committing murder, bad publicity sells more seats', *Campaign*, 1 August 2013

45 Richard Lloyd Parry. Deadline looming? This writers' cafe won't let you leave till you're done, *Sunday Times*, 24 April 2022

46 Isabelle Aron. Marmite is opening a pop-up cafe where 'lovers' eat for free and 'haters' have to pay, *Time Out*, 4 August 2015

47 Vicky Baker. London's first pay-per-minute cafe: will the idea catch on? *The Guardian*, 8 January 2014

48 Julia Brucculieri. This 'Breaking Bad' coffee shop will feed your caffeine addiction, *HuffPost*, 28 July 2015

49 Lisa Vollmer. Anne Mulcahy: The keys to turnaround at Xerox, *Stanford Business*, 1 December 2004

50 Kevin Freidberg, Jackie Freidberg and Dain Dunston. *Nanovation: How a little car can teach the world to think big and act bold*, Nelson, 2011

51 Kevin Kelly, 103 bits of advice I wish I had known, kk.org, 28 April 2022

52 Daniel Miller. Hair's looking at you kids: Chinese quadruplets have numbers shaved onto their heads so teacher can tell themapart, *Daily Mail*, 7 September 2012

53 Paul Ridden. Concrete-free washing machines are lighter to transport, just as good in a spin, New Atlas, 4 August 2017

54 Amber Ainsworth. Michigan woman who used Rent-A-Hitman in attempt to have ex-husband killed sentenced to prison, Fox 2 Detroit, 13 January 2022

55 Natasha Wynarczyk. Spoof hitman website 'rentahitman.com' helps catch almost 150 would-be murderers, *Daily Mirror*, 9 January 2022

56 800 criminals arrested in biggest ever law enforcement operation against encrypted communication, Europol press release, 9 June 2021

57 John Adair. *Effective Leadership*, Pan, 2009

58 Andre Breton. *Surrealist Manifesto*, 1924

59 Dawn Ades. *Dali*, Thames and Hudson, 1982

60 Liudmila Titova and Kennon M Sheldon. Happiness comes from trying to make others feel good, rather than oneself, *The Journal of Positive Psychology*, March 2021

61 Angela Thoreson. Helping people, changing lives: 3 health benefits of volunteering, Mayo Clinic Health Care, 16 September 2021

62 Anna Delamerced, Cia Panicker, Kristina Monteiro and Erica Y Chung. Effects of a poetry intervention on emotional wellbeing in hospitalized pediatric patients, *Hospital Pediatrics*, March 2021

KI신서 11222

수평적 사고

1판 1쇄 인쇄 2023년 10월 17일
1판 1쇄 발행 2023년 10월 25일

지은이 폴 슬론
옮긴이 이영래
감수 황성현
펴낸이 김영곤
펴낸곳 (주)북이십일 21세기북스

콘텐츠개발본부이사 정지은
정보개발팀장 이리현 **정보개발팀** 강문형 박종수 이수정
교정 교열 오순아 **디자인** 표지 이주연 본문 푸른나무디자인
출판마케팅영업본부장 한충희
마케팅1팀 남정한 한경화 김신우 강효원
출판영업팀 최명열 김다운 김도연
제작팀 이영민 권경민

출판등록 2000년 5월 6일 제406-2003-061호
주소 (10881) 경기도 파주시 회동길 201(문발동)
대표전화 031-955-2100 **팩스** 031-955-2151 **이메일** book21@book21.co.kr

ISBN 979-11-7117-177-4 03320

(주)북이십일 경계를 허무는 콘텐츠 리더

21세기북스 채널에서 도서 정보와 다양한 영상자료, 이벤트를 만나세요!

페이스북 facebook.com/jiinpill21   **포스트** post.naver.com/21c_editors
인스타그램 instagram.com/jiinpill21   **홈페이지** www.book21.com
유튜브 youtube.com/book21pub